外文连续出版物工作指南

宋仁霞　编著

國家圖書館出版社
National Library of China Publishing House

图书在版编目（CIP）数据

外文连续出版物工作指南/宋仁霞编著. --北京：国家图书馆出版社，2017.8

ISBN 978 - 7 - 5013 - 6156 - 4

Ⅰ. ①外… Ⅱ. ①宋… Ⅲ. ①外文期刊—连续出版物—图书馆工作—指南 Ⅳ. ①G255.2 - 62

中国版本图书馆 CIP 数据核字（2017）第 169975 号

书　　名	外文连续出版物工作指南	
著　　者	宋仁霞　编著	
责任编辑	张　颀	

出　　版　国家图书馆出版社（100034　北京市西城区文津街 7 号）
　　　　　　（原书目文献出版社　北京图书馆出版社）

发　　行　010 - 66114536　66126153　66151313　66175620
　　　　　　66121706（传真）　66126156（门市部）

E-mail　nlcpress@nlc.cn（邮购）

Website　www.nlcpress.com ──→投稿中心

经　　销　新华书店

印　　装　北京鲁汇荣彩印刷有限公司

版　　次　2017 年 8 月第 1 版　2017 年 8 月第 1 次印刷

开　　本　880 毫米×1230 毫米　1/32

印　　张　7.875

字　　数　214 千字

书　　号　ISBN 978 - 7 - 5013 - 6156 - 4

定　　价　48.00 元

目　　录

前　言

连续出版物是人类文明的真实记载,也是传播知识的重要载体。连续出版物具有系统性、新颖性、持续性,它反映了几乎所有学科领域的发展状况,尤其在科学技术领域,连续出版物已成为科研人员进行科学交流、获取最新科技信息的必不可少的工具,被科学家们称为延伸的"眼睛和外脑"。

连续出版物的管理工作在国外起步较早,20 世纪 50 年代美国就开始建设关于连续出版物采、编、阅、藏一条龙的管理体系,60 年代美国的大学开始设立连续出版物管理专业,70 年代国际图联牵头制定了连续出版物的国际标准书目著录(ISBD-S),使连续出版物实现了资源共享。

我国连续出版物的管理工作起步较晚,作为国内历史最悠久、馆藏最丰富的国家图书馆,其外文连续出版物的馆藏建设始于新中国成立前的政府调拨及赠送,新中国成立后在政府重视下,外文连续出版物业务逐步扩大。尤其是 80 年代初,图书情报事业蓬勃发展,连续出版物工作受到普遍重视。1988 年国家图书馆成立专门负责外文连续出版物管理的业务科组。经过近三十年的积累,国家图书馆外文期刊馆藏量达到 53 000 余种,外文报纸 600 余种,为国内的科研和教育提供了丰富的文献资源储备,连续出版物的管理工作也逐步系统化、规范化。

近年来,随着图书馆自动化管理系统的引进,外文连续出版物工作无论从出版领域还是图书馆内部工作流程都发生了很大的变化。本书由国家图书馆外文采编部多年从事外文连续出版物管理工作的多位馆员合作完成,作者结合图书馆学专业知识和国家图书馆的工作实践,详细描述了网络时代外文连续出版物采、编、阅、藏一条龙的工作管理模式,既是对传统业务流程的梳理,又是对新环境下外文连续出版物管理工作的完善。

本书由宋仁霞拟定大纲,初稿编写分工如下:

第一章:苗璐珺

第二章:宋仁霞、齐东峰

第三章:宋　萍、宋仁霞

第四章:宋仁霞、王　菲、齐东峰

第五章:宋仁霞、陈文珏、袁　硕

第六章:宋仁霞、刘　杨

第七章:宋仁霞

附　录:宋仁霞

全书通稿和定稿由宋仁霞负责。

本书的编写得到国家图书馆外文采编部领导的高度重视,顾犇主任在组织规划方面、曹迁老师在连续出版物的编目方面都给予大力支持与帮助。在本书的编写过程中,借鉴和吸收了国内外许多专家、学者的真知灼见,在此谨致以诚挚的感谢!由于编者学识有限,书中难免有疏漏和不足之处,敬请各位专家同行批评指正。

宋仁霞

2016 年 11 月

第一章　外文连续出版物概论

第一节　连续出版物定义及特点

一、连续出版物的定义

连续出版物早已有之,但连续出版物的概念却是近几十年才逐步建立并被图书馆界接受的。1971 年,国际图书馆学会联合会(International Federation of Library Associations and Institutions,IFLA,简称国际图联)在利物浦召开全会期间通过了建立联合工作组、起草国际连续出版物标准化著录的建议。1974 年,国际图联国际连续出版物标准书目著录联合工作组出版了《国际标准书目著录(连续出版物)》推荐版。1977 年,国际图联在大力推进国际图书文献工作标准化过程中,把"期刊"(Periodicals)这一概念发展为连续出版物(Serials),并出版了《国际标准书目著录:连续出版物》,即 ISBD(S)。1978 年,《英美编目条例》(第二版)用"连续出版物"一词代替了"期刊"一词。1981 年,著名的《英国期刊联合目录》(*British Union Catalogue of Periodicals*,1964—1980)也改称为《不列颠图书馆连续出版物目录》(*Serials in the British Library*)。至此,连续出版物的概念开始全面推广。

国际图联对连续出版物的定义是:印刷或非印刷的出版物,连续出版,通常有编号或年月标识,并准备无限期出版下去。连续出版物包括期刊、报纸、年度出版物(年鉴、指南等)、汇刊、成系列的报告和会议录、丛书。

《国际标准书目著录》(ISBD)对连续出版物的定义是:以前后相连的、独立的期或部分发行的连续性资源,通常具有编号,事先没有确定结束。连续出版物包括期刊、杂志、电子资源、连续性名录、年度报告、报纸、单行丛编。

我国的全国文献工作标准化技术委员会第六分委员会于1984年拟定了《连续出版物著录规则》(报批稿),并由国家标准局在1985年2月12日颁发①。

根据我国最早的《连续出版物著录规则》②的定义:连续出版物是指印刷或非印刷形式的出版物,具有统一的题名,定期或不定期以连续分册形式出版,有卷期或年月标识,并计划无限期地连续出版。连续出版物包括期刊、报纸、年刊(年鉴、指南等)、成系列的报告及学会会刊、会议录和专著丛书。

我国现行的国家标准《文献著录第3部分:连续性资源》③对连续出版物的定义是:一种具有接续关系的、以独立的卷期或部分以定期或不定期的方式发行的连续性资源,通常带有编号,但无明确的终止日期。属于连续出版物范畴的有期刊、杂志、报纸、年鉴、连续性名录、集中著录的专著丛编、系列会议录等。

二、连续出版物的特点

1. 连续性

由连续出版物的定义可以看出,连续性是连续出版物的本质属性,任何连续出版物在创办之初都是准备无限期地、连续地出版下去的。连续出版物的这种连续性具体地表现在:编辑的连续性、出版的连续性、题名的连续性、标识的连续性④等方面,并由此派生出连续出版物在内容上的及时性、新颖性、统一性等特点。

---

① 该标准于2009年被新标准GB/T 3792.3—2009《文献著录第3部分:连续性资源》取代。

② 参见GB/T 3792.3—1985《连续出版物著录规则》。

③ 参见GB/T 3792.3—2009《文献著录第3部分:连续性资源》。

④ 于鸣镝. 连续出版物的连续性[J]. 图书情报论坛,1994(1):28 – 29.

2. 出版周期性

出版周期,也称出版频率(Frequency),反映了连续出版物出版间隔的时间长短,是连续出版物更新速度的表现,是连续出版物的一个基本特征。连续性是连续出版物最本质的属性,而这种本质属性是通过连续出版物以某种周期连续出版表现出来的,换而言之,连续出版物的出版周期就是连续出版物本质属性的最重要的物化表现形式①。每种连续出版物都有自身的出版周期,且这个周期并不是单一的、固定不变的。

3. 题名连续性

连续出版物的连续性体现在题名上主要表现为题名的连续性,一种连续出版物通常有一个相对稳定(在一段时期内)不变的题名。由于在一定时期内,某一种连续出版物的题名会保持不变或基本保持不变,因此题名可以作为连续出版物的识别标识之一,用以区别不同的连续出版物。需要注意的是,不同的连续出版物可能拥有同样的题名,如著名的时尚杂志《服饰与美容》(Vogue)的美国版(ISSN 0042-8000)和英国版(ISSN 0262-2130),尽管拥有相同的题名和主题,但分别拥有各自的 ISSN 号且内容不同,应视作两种不同的连续出版物。

一种连续出版物的题名不是绝对不变的。连续出版物在长期编辑、出版过程中,由于外部形势变化、出版机构变动、出版内容变化、出版周期变化、出版形式变化等原因,在原有题名不再符合需求的情况下,有可能发生题名变更。尽管题名的变更打破了原有题名的连续性,但又将在一段时间内建立新题名的连续性。

4. 标识的连续性

连续出版物的题名在一段时间内是不变的,区别某种连续出版物各单册的依据就是它的识别标志,也就是卷、期或年、月或编号等标识体系。因为是成系统的,所以称之为标识系统。任何连续出版物都有

---

① 曹明,许进. 出版频率对期刊管理工作的影响[J]. 当代图书馆,1999(3):38－40.

自己的标识系统,虽然不同出版物的标识符号不同,但同一种连续出版物的标识应是依次相连、没有跳跃的关系。若连续出版物在出版过程中出现合期、增发等情况,也会在标识中体现出来。

在实际操作中,连续出版物的标识系统不是一成不变的。有时候,一种连续出版物换了主编,或者发生了改名、合并等情况,主编认为有必要换一个标识方式,就有可能采用新的标识系统。新的标识系统采用后,仍然会以依次相连的标识符号标记连续出版物。

5.统一的出版形式和内容

通常情况下,一种连续出版物有较为固定的出版形式,包括开本、封面式样、版式设计、篇幅、页数、配色以及字体等方面,形成独具特色的风格,既从外观上保持了连续出版物的“连续性”,也树立了连续出版物的视觉识别标志。如《国家地理》(*National Geographic*,ISSN 0027-9538)封面印刷的明黄色外框就是其最深入人心的标识设计。

除了出版形式,连续出版物在出版内容上也表现出一定程度的集中性。作为重要的情报交流媒介,一种连续出版物讨论的内容通常围绕着同样的主题,这一点在学术期刊上表现得尤为明显。对于一种学术期刊来说,尽管刊载的每篇文章内容各异,但一定都是围绕着这种期刊所关注的领域,有着特定的读者群体。如最重要的医学期刊《新英格兰医学期刊》(*The New England Journal of Medicine*,ISSN 0028-4793)自1828年诞生以来就是医学科研领域的标杆性期刊,177个国家超过50万名的医生、医学生、研究人士以及其他医学专家构成了该杂志的读者群体。

6.暂停出版

暂停出版是连续出版物较其他类型出版物专有的特性之一。暂停出版是指连续出版物由于人力、财力、物力等内部或外部的原因而宣布一段时间内暂停出版活动,并计划未来恢复出版的现象。1992年,莫斯科新闻纸价格从2000卢布/吨大幅上涨至11 000卢布/吨,导致印刷厂新闻纸告急,《真理报》宣布自3月13日起暂停发行①,直至同年4月,该报发行工作才再度恢复。

宣布暂停出版是连续出版物出版遇到问题时出版者选择的解决方法,且暂停期的长短也没有标准。很多时候,宣布暂停出版的连续出版物却再也没有能够恢复出版,这些没有再恢复出版的连续出版物被认为是停止出版了。

7.新颖性和及时性

连续出版物的及时性主要体现在出版及时、发行及时和流通及时等方面。相较于专著文献,多数连续出版物的组成文章篇幅较短,编审过程较快,出版周期短,可以很快地进入流通环节,进入图书馆后也可以经过简单的记到处理就上架提供读者服务,可以快速地将各行业、各学科的新发现、新理论、新观点、新事件、新动向传递给读者。正因为在时间上表现出的"快"和内容上表现出的"新",所以连续出版物被认为是非常重要的情报来源。

第二节 连续出版物的类型

一、按出版类型分类

连续出版物种类繁多,在图书情报工作实践中,为了连续出版物文献收集、整理和利用的方便,通常是以其编撰方式和出版特点作为划分连续出版物的主要标准②。相较于中文连续出版物,外文连续出版物的出版类型要丰富许多,分类也更加详细,其中最重要的几种类型包括:

---

① 莫斯科新闻纸涨价五倍 《真理报》暂停出版[J].广东造纸,1992(2):32.

② 佘广和.连续出版物类型及其划分研究[J].图书馆理论与实践,1993(4):8-13.

（1）期刊（Periodicals）：期刊指一种定期的、出版频率在每年一次以上的连续出版物。通常期刊的内容为各自独立的论文。

（2）杂志（Magazines）：相比期刊，杂志被定义为面向一般阅读，收录多样主题文章的连续出版物。

Chuck Dintrone 曾提出了9条区别杂志和期刊的判断准则，包括作者、注释、风格、编辑、读者、广告、外观、内容和索引[①]。期刊一般风格稳重，有注释和参考文献，有编委会和外部评审，覆盖一个特殊的学科主题，没有或有很少的广告。相反的，杂志的作者一般是媒体从业者或者以媒体从业者风格撰写文章，面向大众，内容偏向时事和公众兴趣，很少有注释，通常会有亮眼的设计风格，图片和广告内容丰富。但是在我国，这两个术语经常平行使用，或者以"期刊"来统一表述这两类出版物，但也同时承认期刊多具有学术性、专业性，杂志多具有综合性和通俗性[②]。

（3）报纸（Newspapers）：报纸是指以刊载新闻和时事评论为主的、以散页形式出版的连续出版物，有固定名称，按年、月、日或卷、期顺序发行。通常报纸出版周期较短，以日报、周报为主。根据美国图书馆协会（American Library Association，ALA）的术语定义，报纸应是定期发行，且发行周期较短（通常以日报、周报或半周报为主）的连续出版物，内容以新闻、评论、广告及其他流行事物为主。美国著名新闻学家埃默里父子曾就现代意义上报纸提出过更为严格的7条基本标准，包括至少每星期出版一次、必须是机械手段生产、必须及时等[③]。

（4）年度出版物（Annuals）：指以统一题名、逐年出版的连续出版物，如年刊、年报、年鉴以及按年出版的指南等。其中，年鉴（Year-

---

① Nisonger T E. Management of Serials in Libraries［M］. Englewood：Libraries Unlimited，1998：4.

② 谈金铠. 连续出版物工作［M］. 北京：书目文献出版社（今国家图书馆出版社），1991（1）：7-10.

③ 罗翔宇. 中西报纸起源及其差异［J］. 湖北民族学院学报：社会科学版，1998（2）：98-101.

books)是汇集一年中重要时事文献、学科研究进展和统计资料等的按年出版的连续出版物。

（5）会议录（Proceedings）：指各种专业技术型会议、学术研究及团体会议、政党及立法会议的报告和记录。凡属于无限期连续出版的会议录都应视为连续出版物。

（6）丛编（Series）：由一组独立的、连续发布的、编号或不编号的、除了自身正题名以外还有一个适用于整个组的题名（即丛编的正题名）的资源组成的连续出版物。

二、按载体分类

依照文献载体不同，连续出版物的类型可划分为印刷型连续出版物和非印刷连续出版物。

印刷型连续出版物是指以纸张为存储介质，以印刷为记录手段生产出来的连续出版物。报纸、期刊、杂志等连续出版物从产生之初就是以印刷品的形式传播，印刷型连续出版物既是连续出版物的传统形式，也是目前连续出版物的最主要发行方式。尽管随着信息和网络技术的发展，各种其他载体的连续出版物陆续出现并发展，但印刷型连续出版物无论从品种数，还是发行范围、内容范围等方面来看仍然是最重要的。

非印刷连续出版物主要有在线连续出版物、光盘型连续出版物和缩微型连续出版物。在线型连续出版物是依托信息和网络技术，可通过互联网访问的连续出版物，最初多以印刷型连续出版物网络版的形式出现，随着互联网技术、移动技术的发展和阅读习惯的转变，在线型连续出版物发展迅速，成为除印刷型连续出版物外最重要的连续出版物类型。根据《乌利希全球连续出版物指南（网络版）》（*UlrichsWeb Global Serials Directory*）平台统计，目前发行中的在线连续出版物有近12万种，占全部连续出版物的近32.7%，其中仅以在线形式发布的连续出版物超过 26 000 种①。在线型连续出版物的种类非常丰富,除文本、图片这一类常规格式资源外,还提供音视频等格式的资源内容,如 *ACCEL：Audio Journal*（ISSN 1520-5959）就是一种"可以听"的连续出版物。

缩微型制品体积小、质量轻、节省存储空间、保存期长,光盘型文献便于访问和检索,曾是非常重要的连续出版物载体,对于特定领域的文献保存和利用有很高的价值。如著名的《期刊引证报告》（*Journal Citation Report*）就曾发行过缩微版和光盘版,但随着网络版的成熟,这两种版本逐渐被取代,现已完全终止发行。《新英格兰医学杂志》目前除在线版和纸质版外,仍同时发行缩微版和光盘版以供不同需求。近年来,有很多出版商为了迎合当前的使用习惯,将过去以纸本、缩微或者光盘形式出版的连续出版物再进行电子化回溯,制作成便于检索、保存的网络版,受到图书馆和读者的喜爱。

三、按出版周期分类

根据连续出版物的出版周期不同,可将其划分为不定期连续出版物和定期连续出版物两个基本大类。其中,不定期连续出版物是指没有固定出版周期的连续出版物,以会议录、汇刊、报告等为主,也有一些不定期出版的期刊和报纸等类型的连续出版物。

定期出版的连续出版物指在一定时期内出版周期相对固定的一类连续出版物。外文连续出版物的出版周期呈现多样化特征,从每年出版一期到每天出版一期的类型都存在,常见的出版周期包括年（Annual）、半年（Biannual）、季度（Quarterly）、双月（Bimonthly）、月（Monthly）、半月（Semimonthly）、周（Weekly）、日（Daily）等,也存在每年 8 期、每年 14 期、每年 48 期等周期类型,如著名的学术期刊《自然》（*Nature*）（ISSN 0028-0836）周刊,每年出版 52 期,出版周期为 1 周。有时

---

① Ulrichs Web［EB/OL］.［2016 – 07 – 01］. https://ulrichsweb. serialssolutions. com.

候通过外文连续出版物的题名信息可对其出版周期做基本判断,如《经济学季刊》(*The Quarterly Journal of Economics*)(ISSN 0033-5533),从题名可以判断其出版周期应为每年 4 期。但这一点不能完全作为判断依据,也有很多题名中含有"Quarterly"的期刊并不是严格的每年出版 4 期。

尽管定期连续出版物的出版周期是相对固定的,但也会发生变化。有些期刊也会发生在一年内由季刊变为双月刊,由双月刊变为月刊等出版频率加快的现象或者由月刊改为双月刊等出版频率延长的现象。

四、按文献级别分类

依照文献的加工层次,连续出版物的类型可以分为一次文献连续出版物,二次文献连续出版物和三次文献连续出版物。

一次文献是人们直接以自己的生产、科研、社会活动等实践经验为依据生产出来的文献,也常被称为原始文献(或叫一级文献)。从属连续出版物这一文献群中的大多数文献具有原始性[①],大部分的期刊文献、报纸文章、会议文献等都是一次文献。刊载一次文献或者以刊载一次文献为主的连续出版物可划分为一次文献连续出版物,多数期刊、报纸、会议录等均属此类。

二次文献又称二级文献,是对一次文献进行加工整理后的产物,即对无序的一次文献的外部特征如题名、作者、出处等进行著录,或将其内容压缩成简介、提要或文摘,并按照一定的学科或专业加以有序化而形成的文献形式,主要包括文摘、索引、目录等。以刊载二次文献为主的连续出版物可划分为二次文献连续出版物。例如著名的《乌利希全球连续出版物指南》(*Ulrichs Periodicals Directory*)(ISSN 0000-2100),自 1932 年起每年出版 1 期(注:期间曾多次更名),收录世界各

---

① 黄惠山.连续出版物概念逻辑理论与方法探析[J].中国图书馆学报,1994(4):4.

国出版的期刊的相关信息,是典型的二次文献连续出版物。

三次文献是指对有关的一次文献、二次文献进行广泛深入的分析研究之后综合概括而成的产物,主要包括综述、专题述评、学科年度总结、进展报告、数据手册等,以刊载上述文献类型为主的连续出版物可划分为三次文献连续出版物。美国的 Annual Reviews 就是一家专注于出版综述期刊的出版社①,旗下出版的超过 50 种期刊均属于三次文献连续出版物。

五、按出版者分类

根据连续出版物的出版者不同,可以将其大致划分为以下几类:

1. 由学术团体和研究机构出版的连续出版物

这一类出版物主要是由学术团体、专业性学会、研究机构编辑发行,学术性较强,如学术期刊、通报、会议录、汇刊等,内容一般是相关研究领域的研究成果和最新动态,可以从一定程度上反映出版机构的学术水平。很多学术团体学术活动多,出版规模大,学术影响力高,如美国化学学会(The American Chemical Society,简称 ACS)、英国皇家天文学会(Royal Astronomical Society,简称 RAS)等出版的期刊、会议录等都是各自领域非常重要的学术资源。

2. 由商业出版社出版的连续出版物

商业出版社是各类连续出版物非常重要的出版来源,不仅出版的数量大,而且内容丰富、覆盖范围广,从最顶尖的科学杂志到讨论娱乐日常的八卦杂志,所有这些内容都有不同的商业出版社涉猎。在学术出版领域,商业出版社出版的资源其学术价值和出版物质量并不低于学术团体出版的资源,爱思唯尔公司(Elsevier)、约翰·威立父子公司(John Wiley & Sons)、施普林格·自然出版社(Springer Nature)和泰勒与弗朗西斯出版社(Taylor & Francis)是全球最大的四家学术期刊出

---

① About Annual Review[EB/OL].[2016 – 06 – 30]. http://www. annualreviews. org/page/about/overview.

版商。

3. 由政府机构出版的连续出版物

政府出版的连续出版物主要报道政府公开的数据、公报、会议录、法律、调查报告以及其他文件。如《国会议事录：国会议程与辩论》(*Congressional Record：proceeding and debates of the Congress*，ISSN 0363-7239)就是由世界上最大的政府出版物出版机构美国政府出版局(U. S. Government Publishing Office)发行的记录美国国会日常活动、辩论等的期刊。年鉴和年度报告是政府出版的连续出版物中非常重要的一类资源，各国政府都会组织发布各种年度数据和报告，一般被视为相关领域研究权威的数据来源。尽管政府组织的变革通常要比商业机构缓慢，但也开始尝试开展政府出版物的数字化，如美国政府出版局正在尝试通过 FDsys 系统向公众发布其出版物①。

4. 由国际和地区性组织出版的连续出版物

各种国际和地区性组织也会出版各领域的相关连续出版物，以各类期刊、统计报告、评论报告等为主。如国际货币基金组织(International Monetary Fund，IMF)出版了包括《IMF 研究公报》(*IMF Research Bulletin*，ISSN 1020-8313)在内的 5 种期刊，并定期发布区域经济展望、世界经济展望等系列年度报告，这些连续出版物都可以通过 IMF 的在线电子图书馆(IMF e-Library)获取。各类组织有时会通过商业出版社发行出版物，如国际图联出版的《国际图联杂志》(*IFLA Journal*，ISSN 0340-0352)就是通过世哲出版社(Sage)发行的。

5. 由政治团体出版的连续出版物

这类连续出版物主要指各政治团体主办的报纸、期刊、杂志及其他各类连续出版物，多数具有鲜明的政治观点和政治立场。如《真理报》就曾是苏联共产党中央委员会的机关报，以其强烈的政治色彩闻名于世。

---

① 王自强，袁亚平，李英，等.美国政府出版物管理制度研究[J].出版参考，2016(2):16－18.

6. 由企业出版的连续出版物

由工业企业、公司及其他类似组织出版的连续出版物,也称"厂刊(house organs)",主要目的在于提高生产效率、打开产品销路、提高经济效益①,其内容以企业内部人员动态、生产、发展动态为主。厂刊分为以企业职工为读者对象的内部厂刊,以及以顾客和厂外人员为读者对象的外部厂刊。有些厂刊从创建之初就是带有宣传目的公开发行的,而有些出版物最初仅在企业内部发行,后期逐步发展为公开发行的厂刊。厂刊的题名中通常带有本企业名称,非常容易识别,如日本索尼公司出版的《索尼技术报告》(*Sony Technical Reports*, ISSN 0916-7153),壳牌石油公司出版的《壳牌化学杂志》(*Shell Chemicals Magazine*, ISSN 1747-0706)等。有些厂刊具有较强的专业技术性并能展现行业前沿进展动态,有很强的学术参考价值,甚至成为学术研究不可或缺重要资源。如英国劳氏船级社出品的《劳氏法律报告》(*Lloyd's Law Reports*, ISSN 0024-5488,亦称劳埃德法律报告),主要收集载录了自 1919 年以来英国各级法院审理的海事和商事案例,是海事法律方面最具权威性的专业文献资料之一。

第三节 外文连续出版物的产生与发展

一、概况

连续出版物的起源可以追溯到古代,公元前 2750 至 2625 年,埃及第一王朝时期,刻在埃及国王墓碑上的年鉴被认为是目前已知的最早的连续出版物雏形②。根据连续出版物发展的阶段特性,结合奥斯邦(Osburn)的研究基础,将连续出版物走过的发展历程划分为 6 个

---

① 鲍国海. 略论厂刊及其情报价值[J]. 情报学刊,1992(5):378 – 380.

② Nisonger T E. Management of Serials in Libraries[M]. Englewood:Libraries Unlimited,1998:17.

阶段：

第一阶段(从产生—1700 年)：这是连续出版物的萌芽时期,见证了许多早期连续出版物的产生,包括年鉴、年度书目、新闻书等,最早的周报和期刊也是在这一阶段后期产生的。

第二阶段(1700 年—1825 年)：连续出版物在这一阶段经历了一个平稳发展的时期。一方面报纸继续发展,数量扩大,日报逐渐发展成主要报纸类型;另一方面,连续出版物的类型在这一时期也丰富起来,文学期刊、男士杂志、早期的会议录、科学期刊、法律报告、议会文件等相继涌现。

第三阶段(1828 年—1890 年)：在这一阶段连续出版物经历了第一次大发展时期,这一时期最显著的特点是期刊数量和发行量的大量增加。这种增加得益于由当时技术发展而实现的高速印刷和充足的纸张供应,以及大众知识普及的文化因素。画报杂志、行业出版物、儿童杂志、妇女杂志等类型的连续出版物相继产生于这一时期。

第四阶段(1890 年—1965 年)：纸张价格降低和印刷、排版技术的进步带来了连续出版物的第二次大发展,不仅出版物数量和类型不断扩大,连续出版物的国际交流也日益繁荣。在这一阶段,电子计算机开始应用于连续出版物的制作和编目等工作,早期的信息检索试验也在 20 世纪 50 年代末开始尝试。

第五阶段(1965 年—1990 年)：这是连续出版物从纸本时代向电子时代转换的一个过渡期。期刊的出版过程开始全面电子化的尝试。光盘型连续出版物的出现给普通读者带来了最初的人机交互检索阅读体验。此外,三大引文索引以及期刊引证报告先后诞生于这一阶段,标志着开始成体系的进行期刊学术质量的评价工作。

第六阶段(1990 年—至今)：1990 年,蒂姆·伯纳斯－李(Tim Berners-Lee)发明了万维网,开启了连续出版物发展新的篇章。基于网络阅读的电子期刊、电子报纸等飞速发展,带给读者更加快速、便捷的阅读体验,对传统的印刷型连续出版物形成了巨大的冲击。

二、报纸的诞生与发展

外文报纸的产生最早可以追溯到罗马帝国时期,罗马执政官恺撒下令创建《每日纪闻》(*Acta Diurna*,亦称《罗马公报》)用来公布元老院的每日工作报告,并将其刻在元老院门口立着的白色木板上。公元2世纪,有人开始专门抄录这种政府公告并分发至各地获取酬金,史称"新闻信"(News letter)。到了15世纪,各种变革促进了地中海沿岸城市的工商业发展,各种报道市场、物价、航海和战争消息的手抄报在意大利威尼斯盛行,这种手抄报可以视为现代报纸的雏形。随着古登堡印刷术和欧式活字印刷机的问世和发展,这种手抄报逐渐开始印刷发行,并出现了定期出版的报纸形式。1605年在德意志的斯特拉斯堡出版了《通告:所有新奇及值得深思的故事》,并且每周发行一次,世界上第一份近代意义上的报纸问世了[①]。1650年德国莱比锡发行了《新到新闻》,是世界上最早的印刷出版的日报[②]。

近代报纸在西方首先是作为"政论报纸"出现的,以政治性评论为主要宣传手段,在革命和战争时期尤为繁荣。法国大革命时期各党派和阶层均积极办报进行宣传,其中最有代表性有马拉创办的《人民之友报》(*L'Ami du peuple*,后改名为《革命日报》),革命左派代表阿贝尔创办的《杜歇老爹报》(*Le Père Duchesne*),以及革命右派代表德穆兰创办的《法国和布拉班革命报》(*Les Révolutions de France et de Brabant*)等。在经历了几次工业革命和资本主义经济发展后,由于城市工人阶级的出现、教育普及带来的识字率的增加以及排版技术的革新,在19世纪末到20世纪初,报纸实现了从"小众"到"大众"的发展过程,经历了一次较大的"飞跃"。这一时期,报纸内容开始以报道新闻、社会

---

① 李磊磊.欧洲近代报纸产生的环境因素分析[J].中国出版,2011(24):56-58.

② 张怀涛,崔永斌,柯平.报刊与报刊工作[M].河南:河南省高校图书情报工作委员会,1989:113.

事件和提供娱乐为主,发行量直线上升,由过去的几万份增加到十几万份、几十万份乃至上百万份;同时价格大幅降低,读者的范围也不断扩大,由过去的政界、工商界等上层人士扩展到中下层人上。最早的大众报纸是1833年由印刷工人本杰明·戴在纽约创办的《太阳报》。"大众报纸"(也称"廉价报纸")的出现标志着人类进入了大众传播时代。

大众报纸的出现促进了报纸的大型产业化转型,也促使近代报纸完成了向现代报纸的转型。现代报纸种类繁多,版面多样,在类型上既有综合性报纸也有科技、经济、军事、体育、文史等专业性报纸。既有面向上层社会的严肃报纸,也有面向普通读者、以日常新闻和趣味消息为主的大众报纸。在资本主义经济和技术发展的背景下,现代报纸经历了一个出版量、发行量和发行范围都快速发展的阶段,但随着广播、电视、网络等多种传播媒体的繁荣,报纸的发展在二战后逐步进入了饱和与下降的阶段。

外文报纸在中国的出版始于鸦片战争前后,最初兴于港澳及广州地区。1822年9月,《蜜蜂华报》(A Abelha da China)作为葡萄牙人在澳门的政府机关报正式创办,是中国境内出版的第一份外文报纸[1]。此后,外国人尤其是英美人士开始在广州、香港陆续办报。随着对外贸易中心的北移,上海逐渐成为全国英文报纸出版的中心,其中《北华捷报》(North China Herald,后更名为《字林西报》)是英国人在华出版的历史最悠久的英文报纸,也是当时在中国出版的最有影响力的一份英文报纸。彼时,在华的外文报纸均由外国人创办并控制,据统计,从1842年到戊戌变法前后,外国人在华创办的外文报刊有英、日、葡、法、德、俄等文种,品种总数达120种以上[2],其中最有代表性的有美国人创办的《密勒氏评论报》(The China Weekly Review),德国人创办的《德

---

① 程曼丽.中国历史上的第一份近代报纸——《蜜蜂华报》研究[J].新闻记者,1998(8):51-52.

② 方汉奇.中国新闻事业简史[M].北京:中国人民大学出版社,1983:19.

文新报》(*Der Ostasiatische Lloyd*)等。新中国成立后，我国开始出版自己的外文报纸，作为对外传播新中国信息的媒介向外界进行宣传，帮助世界各国了解新中国各方面的发展变化。1981 年 6 月 1 日，《中国日报》(*China Daily*)在北京创办，是我国第一份也是唯一一份全国性的大型综合性英文日报，现全球发行量超过 90 万份(其中海外发行超过 60 万份)①，成为我国对外传播的重要窗口之一。

20 世纪下半叶，在信息化、网络化、数字化、移动化发展的大环境下，报纸从生产到发行都在经历电子化、数字化的革命历程，传统报纸不断面临新的挑战。1981 年电子报纸问世，美国俄亥俄州的《哥伦布电讯报》(*The Columbus Dispatch*)开始通过电讯系统将内容传递给全国 300 多台终端设备，读者可以通过电脑阅读报纸内容②，电子报纸正式登上历史舞台并飞速发展。据一份 1996 年的调查显示，彼时美国有 15% 的日报已经有了网络版，并有 72% 的日报计划在 5 年内上网③。报纸的发行渠道也开始新的尝试，位于荷兰海牙的电子打印概念出版公司(PEPC)于 2001 年开发出全球第一台"电子报纸贩卖机"，客人可自行选择感兴趣的报纸并通过机器打印④。电子报纸和其他新媒体的产生发展既给传统新闻和报纸行业注入了新的活力，也带来了冲击，世界范围内印刷报纸的读者数量、发行量和营业收入持续萎缩，据美国报业协会统计，美国报纸每日发行量从 1984 年高峰期的 6330 万份降至 2009 年的 4560 万份⑤。传统报业集团在积极发展新技术的

---

① China Daily's Print Media[EB/OL].[2016 - 08 - 01]. http://www. china-daily. com. cn/static_e/printmedia. html.

② 廖. 电子报纸在美问世[J]. 高校图书馆工作,1981(2):55.

③ 张咏. 美国电子报纸的发展和展望[J]. 国际新闻界,1997(6):22 - 25.

④ 孙艳华. 电子报纸——数码时代的一场报业革命[J]. 广东印刷,2006(1):57 - 59.

⑤ 吕尚彬,迟强. 2010—2012 年美国数字报纸付费墙研究述评[J]. 国际新闻界,2013(6):163 - 171.

同时不断开辟包括"付费墙"（Paywall）模式在内的新的经营模式。①
据统计 2015 年 1 月通过网络阅读《纽约时报》的读者近 5400 万,其中
超过 3000 万读者通过移动设备阅读,付费读者达到 140 万②。尽管如
此,从发行品种来看印刷报纸目前仍占据主要地位,根据《乌利希全球
连续出版物指南》(网络版)平台统计,目前在发行状态的报纸出版物
共计 22 000 余种,其中纸质版品种数约为在线版品种数的 2 倍;学者
和从业者也不再认为传统报纸将被电子报纸完全取代,读者将根据阅
读和信息获取需求选择阅读方式,传统报纸与电子报纸将在未来很长
时间内共存发展。

三、学术期刊的诞生与发展

学术期刊的意义主要在于记录和报道科学实验信息,探讨研究学
术问题。在学术期刊诞生前,人们只能借助于信函记录和交流科学研
究成果和观点,有时收信人会把信函复写或刻印出来在同事中流传,
这种形式被认为是期刊的雏形。

文艺复兴时期,欧洲各国的经济、政治、科学、文化迅速发展,处于
成长期的学术团体和科学组织迫切需要情报和学术交流,学术期刊在
这一需求下应运而生。形态完整的学术期刊始见于 17 世纪的欧洲,
目前所知最早的学术期刊是于 1665 年 1 月 5 日诞生在法国巴黎的
《学者杂志》(*Journal des Scavans*),这份周刊主要记录欧洲新书信息,
名人讣告,科学发现与进展,以及民事和宗教法庭的裁决等内容③。同

---

① "付费墙"指传统报纸对其在线内容实行有偿阅读而建立的支付模式,是
新闻提供商对在线内容实行付费阅读的准入系统。

② 张桂兰. 美国报纸发展近况[J]. 今日印刷,2015(7):56 - 57.

③ Banks D. Approaching the *Journal des Scavans*,1665—1695:A manual analy-
sis of the thematic structure[J]. Journal of World Language,2015,2(1):1 - 17.

年 3 月，英国皇家学会创办了《哲学汇刊》(*Philosophical Transactions*①)月刊，用来记录学会成员的试验和同行间通信消息②，较前者而言更具学术性，是当时最优秀的学术期刊。该刊经过休刊、变名、分辑，至今仍在继续出版，是世界上寿命最长的学术期刊。总体来看，17世纪的学术期刊发展只是呈现萌芽状态，多数期刊影响范围小，出版时间短，大多创办一两年后就停刊了，特点也不够突出③。这一时期，专业期刊尚未产生，期刊登载的内容以学者兴趣范围为准，非常丰富；同时，当时的科学家也并不以从事科学研究为职业，而主要靠其他收入支持自己的科学活动，当时的期刊文章缺乏理论推导和严格论证，远不是现代意义上的学术论文；而且期刊的出版也没有形成一定的格式和规矩。

18 世纪特别是 18 世纪下半叶，期刊进入了大发展时期，欧美地区学术期刊出版日渐兴盛。随着科学技术的不断发展，以及同生产实践活动的密切结合，促使科学本身迅速分化为许多专业性的学科，科学家们的研究越来越专业，并开始出版适合各自专业的期刊。世界上最早的专业性期刊是创办于 1778 年德国的《化学杂志》(*Chemisches Journal*)，从此学术期刊进入了专业化发展时期。这一时期不仅出版了大量的专业性期刊，还出版了通报、述评、年鉴等类型的期刊，到 18世纪末，已经出版有约有 800 种科技期刊。期刊成为科学家报道或了解最新研究成果的重要手段④。

19 世纪早期，人文期刊的先驱——评论期刊出现了，有学者认为

---

① 创刊时全名为"Philosophical Transactions：Giving Some Account of the Present Undertakings，Studies，and Labours of the Ingenious in Many Considerable Parts of the World"，发行不久后该刊副题名被放弃，仅保留正题名。

② The introduction[J]. Philosophical Transactions，1665，1(1)：1 - 2.

③ Tomajko K G，Drake M A. The Journal，Scholarly Communication，and the Future[J]. The Serials Librarian，1985，10(1 - 2)：289 - 298.

④ 周汝忠. 科技期刊发展的四个历史时期[J]. 编辑学报，1992，4(2)：75 - 81.

最早的评论期刊是 1802 年出版的《爱丁堡评论》(*Edinburgh Review*)，此外早期的评论期刊还有 1809 年创立的《季度评论》(*Quarterly Review*)等，尽管这些期刊当时仍以娱乐为主要功能，但比起一般杂志已经有了更多的文学及社会政治方面的学术性内容。19 世纪中叶，一些专业技术人开始从科学家队伍中分离出来，建立工程师学会，如美国的"土木工程师学会""机械工程师学会""电气工程师学会"等都是在这一时期成立的。各种技术性刊物也随之创办，旨在发表有关工程技术方面的新方法、新设备、新产品、新材料的文章。在这一时期，由于文献的大量增长，为帮助科研人员快速及时全面地了解专业研究进展，义摘型期刊随之产生。1830 年，世界上第一种文摘期刊《药学总览》(*Pharmaceutisches Central-Blatt*)在德国创办，该刊后更名为《化学义摘》(*ChemischesZentralblatt*)(于 1967 年被美国《化学义摘》兼并)[①]，此后，迎来了检索类期刊的大发展时期。在文摘期刊之后，日录索引和题录索引期刊也相继出现。以文摘、题录和目录形式出版的刊物都属于检索类期刊，能较全面、系统地报道近期国内外科学技术领域内的新成就和发展趋向，是检索的重要工具。

20 世纪以来，人类在科学技术方面取得了突飞猛进的发展和惊世的成就，这直接影响着学术期刊的发展。根据霍顿(Houghton)的研究估计(如图 1－1 所示)，20 世纪前 20 年学术期刊的增长数量比此前 300 多年出版的总数还要多，此后每 10 年科技期刊都有约 1 万种的品种增长，发展速度非常之快。一方面，标准化运动的影响开始渗入期刊出版领域，1931 年美国首先成立了牙科医生编辑学会，为科技编辑界的集体活动开了先河，此后各种编辑学会纷纷成立，开展讲习培训班，讨论编辑格式，交流业务经验，出版编辑指南，促进了科技期刊的标准化和规范化发展。另一方面，计算机的出现解决了许多传统的期刊出版问题，电子编辑、电子排版等方式提高了期刊出版效率。

---

① 熊渠邻，阮建海，解怀宇.化学文献印刷型检索工具及其进展[J].化学通报,2000(9):59－63.

计算机和网络的发展,使得学术期刊的发展开始逐渐步入电子期刊时代。

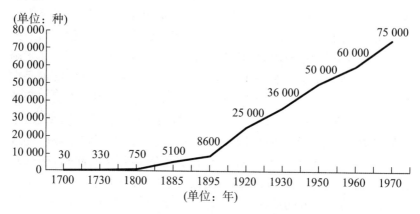

(单位:种)

图 1 - 1　霍顿对期刊品种历史发展的估算①

　　最初的电子期刊基本是静态的,将期刊全文以位图格式存储在光盘上或者通过网络传递文本,使读者可以借助计算机阅读"屏幕上"的期刊文章,缺乏友好的用户体验。万维网出现后,期刊进入了全新的发展时期,大型商业出版社和学术出版组织为了抢得新的市场先机,纷纷加入电子出版行列。万维网诞生后的最初十年间,电子期刊的品种数增长了 218 倍,由 1991 年的 27 种,增长至 1999 年的 7898 种②。到今天,全球出版中的在线期刊数超过 57 000 种③,越来越多的学术期刊从纸电同步发行转为纯在线模式发行,甚至在有计划地逐步取消纸本期刊出版,也许若干年后会迎来一个无纸化的学术期刊出版市场。

　　①　Nisonger T E. Management of Serials in Libraries[M]. Englewood:Libraries Unlimited,1998:20.

　　②　罗良道. 国外电子期刊发展研究[J]. 图书馆杂志,2001(3):11 - 16.

　　③　Ulrichsweb Global Serials Directory[EB/OL]. [2016 - 07 - 01]. https://ulrichsweb. serialssolutions. com.

第四节 相关术语

一、ISSN 国际中心（ISSN International Centre，ISSN-IC）

ISSN 国际中心，亦称"连续出版物注册国际中心"（The International Centre for the registration of serial publications，CIEPS），旧称"国际连续出版物数据系统"（International Serials Data System，ISDS），是一个各国政府间的合作组织，负责世界范围内的连续出版物登记和号码分配工作。1976 年，在联合国教科文组织（UNESCO）与国际科学理事会（ICSU）的倡议下，由法国政府资助成立，国际中心设在巴黎，现有 89 个成员国[①]。我国于 1986 年在国家图书馆（时称北京图书馆）成立 ISSN 中国国家中心（时称 ISDS 中国国家中心）。

二、国际标准连续出版物号（International Standard Serial Number，ISSN）

旧称"国际标准刊号"，是根据国际标准 ISO 3927 的定义由 ISSN 中心分配给连续性资源的代码标识，由前缀 ISSN 和 8 位数字组成。前缀与 8 位数字间空半个汉字空，8 位数字分为两段，每段 4 位数字，中间用半字线"－"隔开[②]。国际标准连续出版物号是为不同国家、不同语言、不同机构（组织）间各种媒体的连续性资源（包括报纸、期刊、动态指南、年鉴、年报等）信息控制、交换、检索而建立的一种标准的、简明的、唯一的识别代码[③]。

[①] The International Centre for the registration of serial publications-CIEPS [EB/OL]. [2016 – 05 – 06]. http://www. issn. org/the-centre-and-the-network/our-mission/the-international-centre-for-the-registration-of-serial-publications-cieps/.

[②] 参见 GB/T 9999-2001《中国标准连续出版物号》。

[③] ISSN 中国国家中心[EB/OL]. [2016 – 05 – 24]. http://www. nlc. cn/ne-wissn/.

三、中国标准连续出版物号（China Standard Serial Numbering）

中国标准连续出版物号是中国国家出版管理部门批准注册的出版者所出版的每一种连续出版物的代码标识，由国际标准连续出版物号和国内统一连续出版物号两部分组成。

四、国内统一连续出版物号（CN Serial Numbering）

简称"CN 号"，旧称"国内统一刊号"，是国家出版管理部门负责分配给连续出版物的代号，以 CN 为前缀，由 6 位数字以及分类号组成。"CN"与 6 位数字之间空半个汉字空，6 位数字的前 2 位与后 4 位之间用半字线" – "隔开，分类号置于 6 位数字之后并以"/"隔开。6 位数字的前 2 位为地区号，依据 GB/T 2260 中的数字码前两位给出；后 4 位为地区连续出版物的序号，各省、自治区、直辖市的国内连续出版物序号范围均从 0001—9999。分类号用以说明连续出版物的主要学科范畴，以便进行分类统计、订阅、陈列和检索①。

五、正题名（Title Proper）

资源的主要名称，即在资源的首选信息源上出现的资源的题名形式。

六、并列题名（Parallel Title）

并列题名是在资源的首选信息源上呈现出的与资源的正题名或者没有总题名的资源中的一种作品的正题名等同的另一种语言或文字的题名②。

---

① 参见 GB/T 9999-2001《中国标准连续出版物号》。

② ISBD 评估组. 国际标准书目著录（2011 年统一版）［M］. 北京：国家图书馆出版社，2012：220.

七、识别题名(Key Title)

ISSN 中心给一种连续出版物在世界范围内指定的一个唯一的名称,该名称与它的 ISSN 不可分割。识别题名可能与资源正题名相同,或者通过附加的或限制的元素(例如出版发行机构、出版地或版本说明)实现其唯一性①。

八、先前题名(Former Title)

连续性资源早先的题名,后来以另一个题名(完全或部分)继续下去,或者与另一种连续性资源合并在另一个或多个题名之下,或者被另一种连续性资源(完全或部分)吸收。

九、刊头(Masthead)

报纸或期刊的题名、所有权、编者等的说明;尽管其位置可变,但是对于报纸它通常在编者说明页或在首页的顶端,对于期刊通常在其目次页。

十、期〈连续出版物〉(Issue < Serial >)

连续出版物各连续部分之一。

十一、编号(Numbering)

用于一种连续性资源连续各期或各部分的标识。其著录可以包括数字、字母、任何其他字符,或者是它们的组合,可以附带或不附带"卷""期"等词或日期年月等标识。

---

① 申晓娟. GB/T 3792.3-2009《文献著录第 3 部分:连续性资源》应用指南[M].北京:国家图书馆出版社,2011:172.

十二、副刊或增刊（Supplement）

从属于主要连续出版物、通常独立出版的一种资源，对所属主要出版物起到更新、延续或专题补充的作用，可能会有一个从属于主要出版物的题名，也可能没有。

十三、过刊（Back Issue）

过刊指连续出版物在当前期之前出版的卷期，但实际工作中过刊只是一个相对概念，对过刊的界定并没有统一的标准。实际操作中，一般从出版时间上将出版满一年及以上的期刊称为过刊，也有从处理方式上将经过整理、装订、重新分编等处理过程后典藏入库的期刊称为过刊。

十四、年鉴（YearBook）

按年编撰出版的参考性工具书，汇集一年之内的新闻、事件、数据和统计资料，按年度连续出版的工具书。年鉴大体可分为综合性年鉴和专业性年鉴两大类，前者如百科年鉴、统计年鉴等；后者如经济年鉴、历史年鉴、文艺年鉴、出版年鉴等。

十五、汇刊（Transactions）

将多人多篇文章根据内容汇编成册并计划无限期连续出版的出版物，汇刊每期内容多是不同主题的，也有同一主题的；其文章一般都是从其他文献中选出来的。

十六、会议录（Proceedings）

在一定范围的学术会议和专业性会议后，将会上宣读、讨论和散发的论文或报告，加以编辑出版的文献。会议录的出版形式有：①期刊类：在期刊的某一期上刊载，或作为刊物的特辑或专辑发表；②专题性论文集：将会议文献汇编成册，有专门的书名，以图书形式出版；③

连续性会议录:以定期或不定期连续性出版物的形式出版。有的直接按会议的届次顺序,并以会议主题名称作为出版物名称出版,有的通过某些学术机构以丛书、丛刊形式出版;④报告类:被编入系统性的技术报告发表。

十七、进展报告(Progress Report)

报告某学科学术研究进展情况的连续出版物,其内容为对一定时期内某学科学术研究情况进行分析和评价后选出的有关该学科现状和未来发展的报告性文章①。

十八、快报(Bulletin)

迅速地、及时地报告有关科学技术研究进展情况的连续出版物,其内容主要特点是快、新、准。与一般连续出版物相比,它的文章更短、内容更新、有时以文稿的形式出现,能及时向读者提供有关学科研究情况的最新情报信息。

十九、手册(Handbook)

汇集某一学科或某一主题等需要经常查考的资料,供读者随时翻检的工具书。其中无限期连续出版的是连续出版物。

二十、学报(Acta)

学术团体(协会)和高等学校出版的以报道学术研究成果为主旨的连续出版物,反映有关学科研究层次较高的学术水平。主要发表有学术价值或独创性的研究论文。

二十一、索引(Index)

索引是对某一类收藏文献中的各种资料或概念系统的指南,这些

---

① 　江乃武.连续出版物指南[M].长春:吉林人民出版社,1992:55.

资料或概念按照人们所熟悉的或固定的便于人们检索的著录方式进行编排。按照索引编排的方法可以分为分类索引、主题索引、名称索引、引文索引、编目索引、辅助索引等。

二十二、累积索引（Cumulative Index）

指连续出版物某一阶段（一年或数年）内若干卷、期的文章题名、责任者、期刊及页码等按一定顺序编排起来的索引。累积索引的位置通常是在某年最末一期或次年最早一期的封三前，有的单独出版。

二十三、文摘（Abstract）

文摘是一份文献内容的缩短的精确表达而无须补充解释或评论，是对文献内容作实质性描述的文献条目。

二十四、CODEN 号（Code Number）[①]

CODEN 为国际 CODEN 组织分配给连续出版物的一种唯一的没有二义性的号码，是美国 ASTM（American Society for Testing and Materials，美国试验材料学会）制定的科技期刊代码系统，是国际公认的代码。由 6 位字符组成，前 4 位为基本码（取值范围 A—Z），为期刊的刊名缩写，取英文期刊名称每个实词词头，中文期刊采用汉语拼音，按其汉语拼音刊名给出码，不足 4 个实词时，用其他词补充。第 5 位为查重区分码，第 6 位为校验码。CODEN 一般印在期刊封面右上角，ISSN 之上。

二十五、全时等量数（Full Time Equivalents，FTE）

"全时等量数"，指教育机构中的全日制学生和教职工总人数，公司、政府和专业机构中的雇员数量。

---

① 申晓娟. GB/T 3792.3—2009《文献著录第 3 部分：连续性资源》应用指南[M].北京：国家图书馆出版社，2011：113.

二十六、影响因子(Impact Factor,IF)

"影响因子"是指期刊前两年发表的论文在评价当年被引用的次数占该刊前两年论文总量的比例。用公式表示为:某刊影响因子 = 该刊前 2 年所发表的论文在第 3 年被引用的次数/该刊前 2 年内所发表的论文总数,由 E. 加菲尔德于 1972 年提出,现已成为国际通行的一个期刊评价指标。

二十七、立即指数(Immediacy Index)

期刊"立即指数"是表征期刊即时反应速率的指标,即该期刊在评价当年发表的论义、每一篇被引用的平均数。也就是说,某种期刊的立即指数越高,代表在最短的时间内该期刊受到的关注度越大。

二十八、被引半衰期(Cited Half-life)

"被引半衰期"指某一期刊论文在某年被引用的全部次数中,从当前年度向前推算引用数占截至当前年度被引用期刊的总引用数 50% 的年数,是衡量期刊老化速度快慢的一种指标。举例来说,某期刊从以前某时刻到现在的时间跨度 N 年内的引用数占该期刊自创办起至今的总引用数的一半,则 N 就是该刊的被引半衰期。若某种期刊被引半衰期越大,则其老化的速度越慢;相反则越快。

二十九、期刊引证报告(Journal Citation Report,JCR)

"期刊引证报告"是由美国科学信息研究所(ISI)创办的多学科期刊评价工具,提供基于引文数据的统计信息的期刊评价资源,包括自然科学(Science Edition)和社会科学(Social Sciences Edition)两个版本。JCR 对科学引文索引扩展版(SCI-E)和社会科学引文索引(SSCI)收录的期刊之间的引用和被引用数据进行统计、运算,并针对每种期刊定义了影响因子、立即指数等指数加以报道。

三十、北美连续出版物兴趣组(North American Serials Interest Group,NASIG)

北美连续出版物兴趣组是由美国、加拿大两国期刊同行组成的独立团体,成立于 1985 年,致力于推动信息资源管理的发展,推进连续出版物和电子资源相关问题的交流和继续教育及更广泛的学术交流①。

三十一、英国连续出版物研究会(United Kingdom Serials Group,UKSG)

英国连续出版物研究会成立于 1978 年,是一个非营利的独立组,会员遍及世界各国,至今已有团体会员近 500 个(其中 1/3 的团体是非英国组织)②。该研究会旨在连接知识社区,促进学术交流,沟通期刊出版者、编者、发行者、管理者、读者及其他期刊工作者之间的关系。

三十二、合作联机连续出版物编目计划(Cooperative Online Serials Program,CONSER)

"合作联机连续出版物编目计划",是美国连续出版物编目的权威指导机构,起源于 20 世纪 70 年代早期的连续出版物机读目录转换计划,1986 年从最初的"连续出版物转换编目项目"[CONSER(CONversion of SERials)Project]发展为目前的"合作联机连续出版物编目计划"[CONSER(Cooperative ONlineSERials)Program],1997 年被列为"合作编目计划"(Program for Cooperative Cataloging)的一个组成部分③。

---

① NASIG Vision & Mission[EB/OL].[2016 − 05 − 06]. http://www. nasig. org/site_page. cfm? pk_association_webpage_menu = 308&pk_association_webpage = 186.

② About UKSG[EB/OL].[2016 − 05 − 27]. http://www. uksg. org/about.

③ CONSER-Cooperative Online Serials Program[EB/OL].[2016 − 05 − 06]. http://www. loc. gov/aba/pcc/conser/.

第二章 外文连续出版物的采访工作

第一节 外文连续出版物的采访原则

外文连续出版物品种多,质量参差不齐,发行渠道不一,价格昂贵,因此需要制定科学的采访原则,才能使有限的经费发挥最大的经济效益。不同时期,不同的国家和地区,外文连续出版物的采访原则也不完全相同。肖希明老师在《信息资源建设》一书中谈到我国图书馆连续出版物采访工作应遵循针对性原则、系统性原则、协调性原则、效益原则等。

一、针对性原则

针对性原则又称作目的性原则,或实用性原则,它是外文连续出版物采访首要的、基本原则,主要是指图书馆所采选的外文连续出版物要符合馆藏资源发展政策、适合图书馆的使命要求、适合图书馆的用户需求。图书馆的采访人员必须明确本单位的工作性质和任务,了解自己所面对的读者对象,根据自己的任务和对象来确定自己的收藏范围。不同类型的图书馆有着不同的收藏范围和特点。

1. 国家图书馆

国家图书馆作为国家资源总库,其馆藏总原则是中文求全,外文求精,中文为主,外文为辅;通用性资源外购为主,特色资源自建为主。国家图书馆面向全国,兼顾世界,为中央国家领导机关立法与决策提供文献信息需求和保障,为党政军单位、国内学术研究机构、图书馆界、社会组织和公众提供服务。其对外文连续出版物的采访过程是与馆藏发展政策和图书馆使命相匹配的过程。

2. 高校图书馆

高校图书馆的主要任务是为教学和科研服务,其服务对象为本校学生、教师及科研人员。它在采访外文连续出版物时就需要兼顾学生、教师和科研的需求,既要采集教科书、辅导书,同时也要采集用于科学研究的专业文献。

3. 公共图书馆

公共图书馆的服务对象是广大公众,因此它在采购外文连续出版物时就必须有一定的覆盖面、并且有较强的综合性。

4. 专业图书馆

专业图书馆的主要服务对象为研究人员,它的任务就是为本单位或本系统的教学、科研以及相关业务提供服务,它所采集外文连续出版物的内容一定要紧密结合科研人员的研究内容和研究方向。

针对性原则还要求采访馆员着眼现在,放眼未来,具有前瞻性。由于资源连续性的特点,馆藏建设不是一蹴而就的,需要长期积累,应随内外部环境、网络信息的变化而不断变化、充实、扩展和完善;同时,还需要通过补充和整合资源对馆藏进行更新,以适应未来的动态需求。

二、系统性原则

系统性原则主要是指采访外文连续出版物要在学科或结构体系上比较完整,专业的连续出版物馆藏比较准确,有一定的馆藏特色体系。

人类知识的系统性、发展性及外文连续出版物的连续性要求采访人员系统地、及时地从海量的资源中挑选出适合本馆馆藏体系的资源。从宏观的馆藏建设上讲,采访馆员要在馆藏经费预算内,确定各种外文连续出版物的取舍及各学科文献的采购比例,这种比例分配既要依据馆藏结构的需求,如学科主题、文献类型、文种、时间等,又要注意馆藏体系内容和结构上的系统性。同时,还要着重注意馆藏特色专题文献资源采集的系统性和全面性。为了保证馆藏资源的系统性,采访人员在外文连续出版物的采访中要注意一下几个方面:

1. 内容的连续性

某种外文连续出版物一旦订购后,如果没有停刊、到刊不好、内容差或经费不足等客观原因的话,一般都不要随意停订,使文献在内容上保持其延续性和完整性。

2. 学科的连续性

对相关专业文献的采集要力求准确,应挑选该专业最核心并与本馆馆藏特色有密切关系的资源,既要反映出学科的完整性又要保证各学科之间的相互交叉、相互联系的关系,各学科各类型的报刊要保持合理的比例。

由于各种原因断档的连续出版物,尤其对于实体文献,不仅会造成图书馆馆藏文献的残缺,还会给图书馆的编目、典藏等工作带来一定的困难。

三、协调性原则

协调性原则,又称互补性原则,主要是指外文连续出版物在资源建设过程中的工作协调与文献互补。主要体现在馆藏资源的特色化和专题化、馆际分工的合作化、多载体文献信息资源的一体化。

1. 馆藏资源的特色化和专题化

馆藏资源的特色化和专题化要求采访人员系统地、完整地收藏重点学科、特色学科的文献资源,使馆藏文献资源形成鲜明的特色。特色学科和专题资源建设应根据本馆的职责、重点服务对象、原有馆藏体系的延续性等方面来进行。

2. 馆际分工的合作化

受经费和语言的限制,任何图书馆都不可能把全世界出版的所有学科的外文连续出版物全部订购,因此,不同图书馆之间应根据馆藏重点的不同,开展资源互补的馆藏建设合作。这种合作可以是国家性的,也可以是区域性的或是系统内的合作,其目的是充分发挥一个地区乃至一个国家的整体经济实力与资源建设能力,建立起一个完善的文献资源共建共享体系,通过提升整体的文献资源保障水平来提高个体图书馆的文献资源提供能力,做好本系统、本地区、甚至全国范围的资源共建共享。

3.多载体文献信息资源的一体化

多载体文献信息资源一体化是指图书馆在网络化、数字化的背景下,将印刷型、视听型、数字型信息资源载体作为馆藏的统一有机整体,将实体资源与数字资源结合,构建一体化的文献信息资源保障体系。采访人员需要重点考虑:电子期刊与印本期刊的比例关系、图书和期刊的比例关系、经费分配调整的及时性等。同时,要做好原有馆藏体系资源的延续性,对于电子资源的采购要考虑到授权范围、长期保存、网络技术设备和条件、电子资源和实体资源的文献揭示的关联性等。

四、效益性原则

效益性原则指合理利用有限的购置经费,以达到最大的效益。效益性原则在外文连续出版物的采访上主要体现在削减利用率低的期刊品种、及时调整购置经费的分配比例、适当增加读者需求的资源的订购品种。效益型原则要求采访人员注意以下几方面:

(1)做好经费的预算和计划。做好已订购报刊的价格及其涨幅的统计与分析,及时跟踪国际汇率的变化趋势。

(2)及时跟踪读者使用行为,做好读者利用率分析。重点保证核心的、使用量大的权威性报刊;剔除使用率低、价格高、非核心的报刊;并在网络环境及馆际共建共享的条件下,适当调整采购方针。

(3)通过政府采购的形式,降低期刊的采购费,同时规范采购流程,做到经费的合理化使用。

第二节　外文连续出版物采访渠道与模式

一、采访渠道

外文连续出版物由于数量庞大、学科范围广、出版单位分散及进出口限制等条件的制约,国内对于外文连续出版物采购大多通过进出口公司集中代理采购。此外,由于各类型图书馆有着不同的职能与定位,非购买方式获得外文连续出版物在不同的图书馆也并行存在,常见的非购买方式包含交换、接受捐赠、接受缴送、网络采集等。

1.购买方式

购买方式是指图书馆用货币向书刊销售系统购买出版物的方式。这是补充馆藏的主要方式和经常性来源,它能保证有计划、有针对性地选购入藏出版物。在市场经济不断发展的中国,购买方式成为主要的采选渠道。

《中华人民共和国招投标法》和《中华人民共和国政府采购法》分别于2000年和2003年出台,这两部法律的颁布和实施,为外文连续出版物的采购提供了良好的制度保障和法律依据,使文献的采购流程不断规范化,经过近10年的实践,招标采购已经成为外文连续出版物采购的主要渠道。招标采购引入了竞争机制,因此代理商必须想方设法降低代理成本,为图书馆提供更优惠的价格和更优质的服务。图书馆则可以根据投标情况选择资信优良、服务优质的代理商为自己提供服务,从而提高外文连续出版物的入藏质量。

图书馆文献资源采购方式主要包括公开招标、邀请招标、竞争性谈判、单一来源采购、询价及国务院政府采购监督管理部门认定的其他采购方式。

(1)公开招标是指采购人或采购代理机构在报纸、广播、网络等公共媒体上发布招标公告邀请不特定的法人或者其他组织参与投标的方式。

(2)邀请招标是指采购人或采购代理机构用投标邀请书邀请三家或三家以上特定的法人或者其他组织参与投标的方式。其特点是:可以缩短准备期,能使采购项目更快地发挥作用;减少工作量,降低成本,有利于提高工作效率。在采购项目比较复杂或特殊、公开招标与不公开招标都不影响提供产品的供应商数量、采购标的较低、所需时间和费用不成比例时,可考虑此方式。

（3）竞争性谈判是指采购人或采购代理机构直接邀请三家以上特定的法人或者其他组织就采购事宜进行谈判的方式。竞争性谈判采购方式不仅可以缩短准备期，使采购项目更快地发挥作用；还能减少工作量，省去了大量的开标、投标工作，有利于提高工作效率，减少采购成本。此外，供求双方之间的谈判也更为灵活。但是，采用竞争性谈判的方式需符合下列条件之一：招标后没有供应商投标、没有合格标的或者重新招标未能成立的；技术复杂或性质特殊，不能规定详细规格或者具体要求的；采用招标所需时间不能满足用户紧急需要的；不能事先计算出价格总额的。

（4）单一来源采购是指采购人向特定的一个供应商采购的一种政府采购方式。单一来源采购的前提需有下列情形之一：只能从唯一供应商处采购；不可预见的紧急情况；为了保证一致或配套服务从原供应商添购原合同金额10%以内的情形的政府采购项目。

图书馆外文连续出版物的招标工作一般是由采购方通过发布招标公告或邀请必要数量的代理商参加投标，并按照法定或约定程序从中选择出一家或几家外文连续出版物代理公司的采购模式。

2. 交换

出版物交换可以分为国际交换和国内交换两种，对于外文连续出版物而言，尤其以国际交换为重要途径。

国际书刊资料的交换是国际学术文化交流的一个重要方面，是国际图书馆之间合作的重要形式之一，是采访工作的一个重要组成部分，是图书馆补充外文藏书的一个基本渠道。在目前图书馆经费紧张，书刊价格大幅上涨的情况下，国际交换的地位和作用日益显著，对图书馆的发展有着十分重要的意义。

3. 捐赠

捐赠是指图书馆等机构接受团体或个人捐赠书刊等文献资料的行为。国内外有许多著名的图书馆最初就是在接受了大量赠送文献的基础上发展起来的。由此可见，接受国内外团体及个人捐赠的文献已经成为世界各地图书馆增益馆藏的重要方式。然而，图书馆接受捐赠的外文连续出版物应有严格的入藏原则,对于珍贵文献和价值较高、数量巨大的文献,除颁发荣誉证书外,经报批后可酌情给予物质奖励;而馆藏已有足量收藏复本,或残破严重的捐赠文献则不建议入藏。

4.缴送

缴送是国内具有法定受缴资格的单位收藏外文连续出版物的重要方式。它是一个国家出版资产的征集、典藏以及提供利用服务的公共政策,是国家文化传承中重要的环节,也是体现自由表达、自由获取信息的一种重要途径。

在我国,呈缴本基本为中文文献,因此接受呈缴首先是我国中文文献馆藏构成的主要渠道。而对于外文连续出版物建设而言,接受缴送则只是作为购买方式之外的一种必要的馆藏补充渠道。随着国际出版集团的不断发展、中外出版机构日益密切的合作、国内出版机构的出版行为日趋国际化、国际版权交易步步繁盛、出版引进与出版走出去格局日益立体化,我国的出版机构与国外出版机构合作或者在国内独立出版的外文连续出版物数量与日俱增。因此,外文连续出版物采访工作不仅不能忽视接受缴送的这部分文献,而且应该形成翔实可行的工作规范和交接制度。具有法定受缴资格的图书馆也应重视此业务的开展。

5.网络采集

网络文献采集是针对各类非正式出版物的采选方式之一,也是图书馆采集互联网中免费学术资源的重要方式。互联网中免费的学术资源是图书馆馆藏的重要补充。图书馆应该根据馆藏发展政策的需求搜集和整合互联网中有价值和具有长期保存意义的免费资源,通过整理各种免费的学术资源,建立相应的资源导航系统,方便用户迅速地查找到所需文献。其中,作为外文连续出版物的重要出版形式之一,开放获取期刊也是网络采集的重要目标。

二、外文连续出版物的采购模式

图书馆外文连续出版物大多是通过采购引进的,受电子资源逐步增长的影响,外文连续出版物的采购已经不再限于传统的采购模式,多数是通过资源共建共享方式实现的,其中集团采购也已经成为目前国内最常见的采购模式。具体而言,外文连续出版物的采购模式主要有如下几种:

1. 纯纸本订购模式

纯纸本订购模式是外文连续出版物最传统的订购模式。在我国,大部分图书馆是通过代理商来订购外文连续出版物的,因此外文连续出版物的结算价格要高于原始出版价格。其价格构成大致是:作者的稿费、编辑费、印刷费共占约 15%;发行、经营、宣传等费用约占 35%—40%;给经销商的折扣约为 20%—35%,利润约占 10%—20%。

2. E-only 订购模式

所谓的 E-only Subscription 就是只选择订购期刊的电子版的订购模式。随着电子期刊越来越被广大读者所认可,在有限的经费制约下,大部分图书馆很难维持纸电并举的资源格局,为了减少载体版本的重复和节约存贮空间,高校图书馆率先实行了 E-only 的采购模式,国家图书馆 2005 年将 John Wiley & Sons 出版社的期刊订单由 P-only 转为了 E-only 模式,但是为了保持纸本的连续性,在电子期刊的长期保存问题没有完全落实之前,纸本期刊将由出版社继续供应。

3. 捆绑订购模式

捆绑订购就是出版社出版的纸电版本捆绑销售,图书馆只能选择捆绑的价格模式,一方面满足读者对电子资源的青睐,另一方面保持馆藏的连续性。目前捆绑订购的模式主要有以下几种:

(1)P+free E,即订购印刷版的,可免费获得网络版。如 Springer 出版社,只要订购了纸本期刊,图书馆便可以看到当年对应的电子期刊。

(2)E+free P,即订购网络版的,可免费获得印刷版。如 Elsevier 出版社出版的《荷兰医学文摘》于 2004 年推出一项优惠政策,用户只要订购了网络版的《荷兰医学文摘》数据库,出版社便可以免费赠送整套 41 个分册的印刷版期刊。

（3）印刷版和网络版捆绑订购，价格上不可拆开。如美国的《国际药物学文摘》(*International Pharmaceutical Abstracts*)，2002 年以前可以单独订购印刷版，2002 年以后印刷版和网络版捆绑订购，只有捆绑价格，无法单独订购。

（4）订购了网络版的，再加一小部分经费可得到印刷版，约占网络版价格的 10%—15%。

（5）订购了印刷版的，再加一小部分经费可得到网络版，约占印刷版价格的 10%—20%。如 Kluwer Academic Publishers 出版的期刊2001 年起开始执行此销售政策。

（6）印刷版不再出版，改出网络版。如美国 Lawrence Erlbaum Associates lnc. 出版的外文期刊《国际认知人机工程学杂志》(*International Journal of Cognitive Ergonomics*)，从 2002 年开始不再出版印刷版，改出网络版。

第三节　外文连续出版物的采购流程——购入方式

由于受进出口管理的限制，国内对国外出版的外文连续出版物引进必须通过进出口公司进行统一采购。一般每年的 5 月份，进出口公司或出版社会将下一年度的征订目录提供给图书馆、文献需求单位或个人，采访人员需要根据采购经费的情况和征订目录事前选取需要的文献清单。外文连续出版物一般每年度集中发订一次，每年 10 月份将本馆需要续订的订单、新增及停订的订单统一发给进出口公司（代理公司），出版社会根据订单的情况安排下一年度的出版计划。

一、前期准备

1. 信息收集
（1）全面了解和把握馆藏信息
馆藏信息包含馆藏范围、收藏重点、收藏特色、收藏方向以及收藏工作中的薄弱环节。一个图书馆的馆藏收藏情况跟社会的发展状况是分不开的,不同时期的馆藏一般会带有不同时期的烙印。另外,由于经费的情况,也会造成馆藏的不完全和混乱,使图书馆的馆藏在某方面产生断档或空白。

采访人员可以通过馆藏目录、收登记录、统计报表等数据了解本馆收藏的文献总体数量和各学科收藏的数量以及各学科之间的收藏比例,不同语种外文连续出版物的订购比例等。同时,通过收录核心文献的数量和比例可以了解馆藏文献的质量等情况。

(2)了解读者需求

不同类型的图书馆都面对着不同的读者群,高校图书馆的主要读者群是学生和教师,科研院所的读者群是科研人员,而公共图书馆的读者则是一个综合群体。不同读者群的不同需求,构建了图书馆的不同文献结构体系。了解读者需求,通常可采用以下几种方式:

①发放读者调查表(最好采用选择答卷的形式);

②召开读者和专家座谈会(到馆读者座谈会和专家座谈会);

③加强与到馆读者交流(读者推荐单);

④研究读者借阅和复印情况(借阅和复印请求)。

(3)了解出版动态

在当今这个科技飞速发展、文献量急剧增长的年代,出版业呈现出版量大、载体形态多样化、内容交叉和时效性强等特点。外文连续出版物的创刊、停刊、改名、合并、分开等情况也频繁发生。因此,对于外文连续出版物的采访工作来说,及时了解出版动态,掌握出版业的发展规律,了解出版文献的特点才能做好外文连续出版物的收集工作。

(4)了解外文连续出版物价格变化状况

外文连续出版物的结算价格每年都有不同的涨幅,其中外文报刊的年涨幅通常在6%左右,人文社科类期刊的涨幅高于科技类期刊的涨幅。综合来看,影响外文连续出版物价格的主要原因如下:

①印刷费用变动；

②卷、期、篇幅、页数增加；

③出版社会员价格、个人价格、团体价格订购的差异；

④载体发生变化使部分出版社取消单独的印刷版价格，而收取印刷版和网络版的合订价格；

⑤出版社合并后调整期刊价格；

⑥国际汇率的变动。

（5）了解纸电变化情况

印刷版外文连续出版物的出版量呈下降趋势，电子版连续出版物出版量急剧增长，这是近年来国际出版业总的发展趋势。以网络为载体的网上电子资源的出现是在 20 世纪 80 年代后期，国外学术期刊上网服务和在网上直接出版经历了 3 个阶段：

①20 世纪 80 年代末 90 年代初，电子期刊的初创阶段。大批出版社以观望的态度对待这个刚出现的新事物。

②20 世纪 90 年代中期开始，特别是 1997 年至 2002 年，电子期刊进入迅猛发展阶段。大型商业出版机构、学协会出版社和大学出版社纷纷建立网站，提供期刊上网服务并开展网上直接出版业务，印刷版期刊和电子期刊双轨并举。

③目前，电子期刊进入稳步发展阶段，电子期刊的集成化程度不断提高，期刊上网、跨数据库检索、跨平台检索、通过期刊二次文献链接电子期刊原文的功能更强，并进入了商业运作阶段，检索类期刊完全电子化，有的检索类期刊甚至取消了印刷版。

2. 经费预算

经费预算与分配是图书馆文献资源建设与发展的重要环节，科学规范的文献经费预算与分配方案是建立合理的馆藏结构和馆藏规模的重要影响因素。外文连续出版物的经费预算一般被包含在整体馆藏文献经费预算体系内，外文连续出版物经费预算分配一般注意以下几个方面：

（1）经费的持续性和稳定性

外文连续出版物本身的连续性要求馆藏文献连续订购，通常一种连续出版物一旦订购就不能随意停订。如果经费充足，图书馆可以根据需求增加连续出版物的订购品种；如果经费减少或持平，则意味着图书馆需要削减连续出版物的品种。为了保证馆藏体系的连续性及完整性，在分配各类文献经费比例是优先考虑外文连续出版物经费的投入，必要时可以采用舍书保刊的措施。

（2）外文连续出版物价格的变化性

外文连续出版物的价格是由期刊的外币价（List Price）、汇率、手续费率等因素决定的，外文连续出版物的价格基本上每年以3%—10%的涨幅在增加；汇率的变化对外文连续出版物价格有较大影响，当人民币升值时，可能会抵扣部分外文连续出版物价格；当外币升值时，则有可能导致价格增长[①]。此外物流、人员投入等诸多因素也会直接影响到价格。近年来，虽然各图书馆的购置经费都在逐年增加，但其增长幅度远远赶不上书刊价格上涨的幅度。

3. 制定采访工作计划

采访工作计划包括长期采访计划和年度采访计划。长期的采访工作计划是采访工作的纲领性文件，它一般包括藏书建设总原则、收藏范围、工作标准、馆藏现状、读者需求等，它对文献采访内容、采访重点、数量和目标及文献购置经费的使用起到建设性和指导性作用。

年度采访工作计划是文献资源建设规划中短期计划的一种，它规定一年时间内文献采集指标、经费数额和完成计划的方法、步骤及措施。外文连续出版物年度采访计划的主要内容为：本年度入藏外文连续出版物的重点和范围；各文种、载体文献入藏比例与经费分配；期刊调整的原则及措施等。

---

① 朱硕峰，宋仁霞.外文文献信息资源采访工作手册[M].北京：国家图书馆出版社，2014：112－114.

4.招投标工作

我国于 2000 年和 2003 年先后出台了《中华人民共和国招投标法》和《中华人民共和国政府采购法》。这两部法律规定,各级国家机关、事业单位和团体组织在使用财政资金实施采购行为时,应依法进行招标采购。招标采购体现了公开、公平和公正的原则,它的实施使图书馆文献资源采购市场不断规范化,最大程度上预防了图书馆文献资源采购过程中腐败现象的产生。

(1)招标采购流程

外文连续出版物实施招标采购的工作程序主要包括:

①确定采购标的。

图书馆外文连续出版物采购的标段划分主要有两种方式:即一种连续出版物一个标段,即采购方在符合招标资质条件的代理商中对每一种连续出版物都选择价格最低者中标。二是按出版社、文献语种、出版地、码洋或是否捆绑销售等条件划分标段。

②确定采购方式和采购主体。

目前招标分为政府集中采购;招标代理采购;自行招标采购。

③成立采购组织机构。

采购组织机构一般由领导机构、工作机构、监督机构组成。工作小组一般应由负责文献采访的人员、财务人员、采购管理人员组成。评审委员会中 2/3 以上的委员应由技术或经济专家组成,甲方代表不多于 1/3;监督机构一般分为外部或内部监察方、审计方。监督机构全过程参与监督。

④进行资格预审。

⑤编制采购文件。

招标文件一般应包括技术需求和服务标准、确定参与竞争的门槛、综合评分标准等。

⑥发出采购邀请。

⑦开标(公开招标自发出采购公告至开标不少于 20 天)。

⑧评审(一般应在评审开始前 1—5 天确定评标委员会专家人选)。

⑨确定中标人(视情况公示,中标候选人的进一步确认,履行内部审批手续等)。

⑩签署采购合同。

(2)外文连续出版物供应商选择的参考因素

①综合实力

一个优秀的外文连续出版物刊供应商要有一定的经营规模、雄厚的资金保障、稳定的客户群体、较大的销售数量、高效率的物流配送系统。

②供货能力

外文连续出版物供应商应具有强大的资源组织能力,要有完善的进货和备货渠道,可以根据图书馆的需求,提供各种文献。

③经济实力

外文连续出版物供应商要能够组织有相同需求的图书馆以较大的优惠幅度统一购买国外相同品种的印刷版期刊、电子期刊和数据库,并为图书馆以最经济的形式获得期刊的印刷版和电子版提供咨询建议。

④增值服务能力

外文连续出版物供应商应能够免费为图书馆提供书目数据或者符合图书馆编目要求的标准 MARC 数据,以及提供贴磁条、贴条形码、盖馆藏章、新书上架等服务。此外还应该考察书刊供应商团队的人员素质、技术设备水平以及网络资源等条件。

(3)书刊价格的制定

我国目前外文书刊的发行价格是在原书价的基础上按一定比例加成,加成的经费主要包括以下几部分:

①中间商的代理费:如果发行商与国外书刊出版社没有直接联系,需要通过国外的中间商代理,代理商要收取一定的手续费,手续费有时高达20%;

②运输费:国内发行商一般采用空运的方式运输图书馆订购的书刊,每本书刊的运费按上一年度该公司运输费的平均价格计算,约为

书价的 5%；

③进口环节增值税：通常为书刊价格的 13%；

④报关及提货费：发行商一般委托专业报关公司代理，大约每票 700 元，通常被平均摊在了每一本书的价格中；

⑤经营成本：大约为书价的 30%，其中包括给图书馆的折扣、公司运行费（如办公费、设备费、代图书馆提前支付购书款所占用的流动资金等）以及利润。

$$外文书刊的售价 ＝ 外汇码洋 × 加成比例 × 外汇牌价$$

（4）招投标中供应商和图书馆的关系

外文连续出版物的招标采购不是发行商和图书馆之间的博弈，而是为二者提供双赢的机会。图书馆和书商应该相互信任，成为朋友和合作者，图书馆帮助书商提高发行质量，改进对图书馆的服务；书商则在供货合同的保障下，帮助图书馆更好地完成文献资源建设任务。

二、订单处理

1. 查重。

由于外文连续出版物的订购渠道多样，文献出版量激增，出版变化频繁，加上目录出版中刊名选取的不规范等原因，使重复订购的可能性大大增加。查重工作是保证订购质量、节约订刊经费的重要而有效的措施。引起重复订购的主要原因如下：

①由于期刊的合并造成的重复。图书馆所订的两种期刊由于出版社的原因合并出版，导致原来所订两份期刊的不同订单变为同一刊物造成重复。

②一种期刊被另一种期刊吸收，而图书馆订购了两种期刊，出版社将会继续按照两个订单发刊，从而造成重复。

③订刊号和刊名同时改变，在订购时误把改名刊当作新刊，也会造成重复。

④由于订刊目录取名不同造成的。由于外文期刊取名的不同，如

有的用展开题名,有的用的是缩略题名就很容易造成漏查导致重复。

⑤由于订购途径的增多,给查重工作带来难度,也易造成刊物订购的重复。

为了避免重复订购,应该注意以下几个问题:

①要用多种途径进行查重。除了用订刊号查重外,还要用 ISSN 号、刊名、出版者等检索点进行多次查重。

②由于现在各图书馆订刊渠道都较多,有的单位可能同时在多个代理公司订购报刊,因此在查重时一定要将全部订刊目录集中到一起查重,这样可以避免由于跨公司订购而造成的重复。

③要求代理公司随时反映期刊的变化,并请他们与出版社联系,在期刊合并出版时及时通知图书馆。

2. 发订

所谓发订,是指图书馆向外部发送订购需求的行为。外文连续出版物的发订工作是图书馆、代理商、出版社之间沟通、确认的过程。采访人员按不同标段的中标情况将预订订单分配给相应的代理商。代理商收到预订订单后,需及时向出版社发出订单,并逐一与出版社确认,同时将出版社的订单确认信息反馈给图书馆。确认为有效订单的,出版社会按用户要求及时将下一年度各期次发给代理商或图书馆;确认为无效订单的,即在发订过程因订购品种发生了变化而无法提供的,需由图书馆根据连续出版物的关、停、并、转等变化信息重新做相应的处理。

外文连续出版物的发订主要包括续订和新订两部分。订单主要包括:订刊号、刊名、频率和刊价等内容。正式的订单则因代理公司的不同而不同,订单应一式两份,一份交代理公司,另一份由采访人员留底备查。

(1)新增订单

当年度预算有一定的额度用来采购新的连续出版物品种时,采访人员应积极采集相关的目录信息,并整理出图书馆未收藏的外文连续出版物目录清单。综合馆藏发展政策、用户需求等新增连续出版物需要考虑的各种因素后,采访人员拟定新增清单并向代理商询价。询价时,采访人员应将拟新增清单发给所有的中标代理商,以便比较各代理商给出的综合代理价格。获取代理商回复信息并比对报价后,采访人员需将最优方案报相关部门或领导审批,并根据审批结果梳理新增订单的去向,为下一步的发订工作做好准备。

新订部分,需要打印新刊清单,报上级领导批准后,打印正式订单,填好委托书,交给代理公司。

（2）续订订单

所谓续订,即上一年度已订购,需要在下一年度继续订购的行为。续订订单的整理是在上一年度结算单的基础上完成的。采访人员收到上一年度结算单后即可着手准备续订单的制作。受连续出版物出版特点影响,休、停、并、分、转、频率改变、载体变化的现象时有发生,即有些连续出版物会出现休刊、停止出版、并入其他连续出版物、分裂成两种或两种以上的连续出版物、转国（社）出版、出版频率发生变化或转载体形式出版等现象。

续订部分只要在续订单上标注需要停订的期刊后,加盖单位公章即可。

（3）停订清单

通常情况下,外文连续出版物的停订清单以关、停类连续出版物为主。有时,图书馆也会有馆藏资源建设经费不足或调整各文献类型、载体类型馆藏资源的情况。在经费不足或协调馆藏时,图书馆会主动停订部分外文连续出版物的品种。如有大量品种的停订,采访人员应单独制定停订清单,以方便入档、查阅或参考。

三、采访数据处理

1. 编制订刊目录

编制采访目录是作好采访工作的基础。在每年报刊发订之后,采访人员要制作新刊的订刊目录片,并将其排入订刊目录中。对于那些停订期刊则要将目录片从现刊目录中撤出,排入停刊目录片中,将订刊号改变的期刊调整到新的位置,并作好新旧刊号的互见工作,这样可以使订刊目录一目了然,也便于查找。订刊卡片主要包括以下内容:订刊号、原文刊名、ISSN 号、订购渠道、订购年限、订购份数、期刊价格等。各图书馆可以根据自己的具体情况编制适合本单位需求的卡片格式。

2. 采访数据的记录

所谓采访数据的记录,是指图书馆内部采用自动化集成系统或其他工具记录文献资源的采访信息。采访数据可分三类:资源类型信息、订购数据、文献资源去向信息。

①资源类型信息指图书馆资源建设的文献类型。资源类型分类的目的主要用于区分不同的馆藏子库,不同图书馆对于资源类型的分类可能存在一定的差异,但大致都包含图书、期刊、报纸、电子资源、古籍、地图、年鉴、音视频资料等。

对于外文连续出版物而言,资料类型通常选择期刊、报纸、年鉴等,有的小型图书馆对连续出版物并不作细分,只采用"连续出版物"一个分类。

②订购数据是指采购文献资源工作中所需要记录的与文献采选方式、订购渠道、订购时间、复本数、价格等相关的数据信息。其中,采选方式主要记录购买、受缴、受赠、交换或托管的信息;订购渠道主要记录代理商、出版社、交换户、呈缴者、赠送者或托存资源的委托方等相关信息。

③文献资源去向,是指图书馆馆藏文献的存放地。不同图书馆外文连续出版物的排架方式可能会有所差异,有的图书馆以期刊、报纸、年鉴等文献类型区分馆藏地,有的图书馆以文献语种区分馆藏地。记录文献资源去向信息后,系统便可根据连续出版物的出版周期自动生成包含文献去向信息的各期次预计到货列表。

记录采访数据时可采用逐条录入和批导入的方式。无论采用哪种方式,采访人员都需要严格控制采访数据与书目数据的一一对应性。而且,任何一种记录采访数据的方式都不是一劳永逸的。受其出版特点影响,某些连续出版物可能会在任何一个时间点发生关、停、并、转、改变题名等变化,因此,在得到代理商或出版社的相关信息后,采访人员应及时修改或补充相应的采访数据。

第四节 外文连续出版物的采购流程——非购入方式

一、国际交换

国际交换是国际学术和文化合作的一种重要方式和体现形式,是图书馆文献采访工作必不可少的组成部分,也是图书馆补充外文文献馆藏的重要的辅助渠道。

出版物国际交换起源于欧洲,最早可追溯到中世纪,是由图书馆馆际之间的手稿交换开始的。1694 年法国皇家图书馆建立了"复本交换"的范例。1886 年的布鲁塞尔会议是出版物国际交换史上的里程碑。布鲁塞尔公约是第一个全球性出版物国际交换公约,它不仅成为各国建立双边协议的基础,还促进了区域性多边公约的产生。我国出版物国际交换的起源,应该从明末清初的中西图书交流谈起。1935年教育部设立出版物国际交换局,是中国真正加入全球出版物交换的开始。1936 年 4 月,国民政府委托北京图书馆为承受单位,凡国际交换寄到的出版物均由该馆编目、收藏、公开阅览。我国有计划、大规模地开展书刊资料国际交换工作是在新中国成立以后开始的,新中国成立以来,通过国际交换为我国获得了许多贸易途径难以买到的珍贵资料。新中国成立后,党和政府非常重视开展与国外的文化交流,曾先后责成北京图书馆(现国家图书馆)、中科院图书馆、中国科学技术情报研究所、北京大学图书馆、清华大学图书馆等单位对外开展书刊文献的交换业务。北京图书馆可以用全国各出版社的出版物进行交换,其余几个单位原则上只交换本机构出版的书刊。近年来,国家图书馆每年通过国际交换获得外文连续出版物为 1400 余种,极大地丰富了国家图书馆馆藏。

1. 国际交换的形式

在图书馆之间进行的书刊资料交换工作,可分为三种形式:双边交换形式、联系中心形式、服务中心形式。

(1)双边交换形式

双边交换形式是指图书馆之间订有合同,相互之间平等互利地交换本地、本系统或本单位出版的文献资料。这种方式是书刊资料交换最常用的方式,即基于互惠互利和友谊而开展的文献交换形式。书刊的授受者之间直接进行的交换,也称直接交换。有些图书馆之间不十分计较出版物的等值问题,而以友谊为大前提,这种情况最后大多发展成一种互赠行为。

(2)联系中心式交换形式

联系中心交换形式是指图书馆之间通过交换书目中心获得有关交换书刊资料的信息,间接进行书刊交换的方式。这种做法是,各图书馆将他们可提供交换和想获得的书刊资料目录告诉交换中心,经中心整理后再发给各图书馆,作为各自选择适当交换单位的媒介。联合国教科文组织建立的出版物交换所(UNESCO Clearing House for Publications)就是这样的组织。在进行双边交换时,各个单位(图书馆)可能会发现一些难以解决的问题,如信息不准确、交换的范围有限、整理交换目录费时费力、找不到合适的交换对象等。为解决这些共同存在的问题,由一个中心单位来整理交换书目并分发给各单位参考,作为各个单位之间书刊交换的信息桥梁,即形成了联系中心的交换形式。这种形式可以说是双边交换形式的扩大,所以又称为多边交换。

(3)服务中心式交换形式

服务中心式的交换形式是指在一个区域内,由一个单位集中人力、财力,统一处理各单位交换的书刊,并传递交换信息,各图书馆把自己可供交换的和所需要的书刊通知给交换中心,由中心集中进行书刊交换的方式。美国图书交换中心(USBE, United States Book Exchange, Inc.,后更名为 Universal Serials and Book Exchange, Inc.)就属于这种形式。

2. 外文连续出版物国际交换的原则及方针

通行的出版物国际交换原则与国际关系和国际贸易的基本原则一致,即"平等互利"的交换原则。在交换内容的选择上,依照"以我所有、换我所需"的方针,交换单位互通有无、调节余缺,以达到补充和丰富馆藏的目的。

在交换方式上,一般遵循的交换原则传统上分为以件易件、以页易页这样的等量交换以及以价易价这样的等值交换两种。虽然在实际工作中不一定体现出一对一的绝对等量或等值,但基本上都是以这两种方式为调整交换方案、平衡交换内容的基本原则。

此外,国际交换工作还要根据本馆文献资源建设的特点和采访方针选择本馆所需。在不同的历史时期和政策形势下,需要或能够交换采选的文献内容也可能会不一样。以国家图书馆为例,交换采选对象尽量选择那些在国内订购不到的外文书刊,凡是通过代理商能够买到的外文期刊,就不再交换。近年来由于购书经费的紧张,在外文期刊的交换方面,除以政府出版物和学术文献为交换重点之外,还兼顾购书经费的充分利用,一般能通过交换渠道获得的期刊,就不再购买。随着网络技术和电子出版物的普及,新世纪的交换内容更为丰富,一些国外的电子学术期刊也通过开放 IP 段的方式经由交换渠道进入了国家图书馆的数据库资源,供读者远程访问。

3. 国际交换工作流程

国际交换工作由于其特殊的双边角色和对外交往职能,具有外事通联频繁、涉外政策性强、外联内容丰富、内联头绪复杂、交往涉及面广等特点,在图书馆业务工作中具有特殊的使命、重要的地位以及复杂的工作流程。以国家图书馆出版物交换工作为例,其工作内容主要涵盖通联、采访、记到、外发四大模块,工作流程如下图所示 2 - 1:

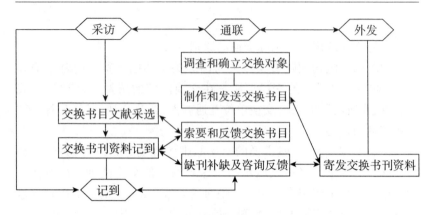

图 2 - 1　国际交换工作流程

（1）建立交换关系（通联）

首先要根据本馆制定的采选方针政策，研究确定交换对象范围，选择感兴趣的国外图书馆、科研机构、博物馆、出版社等，主动发函与对方取得联系，告知希望建交的意愿并询问对方态度。

其次，商定交换细节，可签订交换协议以落实交换关系。需要商议的交换细节主要涉及：交换内容的载体形式、语言范围、学科范围；如有连续出版物应事先约定书刊名称和连续起始时间；每年交换出版物的数量或交换金额；交换条件是等量交换、等值交换还是其他计量方式。

（2）进行具体的交换活动

首先需要准备供对方选择的交换书刊目录，也请对方提出具体需求，同时要求对方提供书刊资料目录供我方选择。

其次，收到对方书刊目录要及时采选，因为如果对方进行的是复本交换，往往遵循的是先到先得的原则。接到对方的交换需求后，要随即根据需要采购或调拨交换所用的中外文书刊，然后寄出书刊资料给对方。遇到海关、收发、询址、补刊等各种具体事务还可用固定的格式信件进行相互之间的联系和业务处理。

（3）验收及跟踪

收到交换进来的书刊资料后，交换人员要对其进行拆包、分户、核对、登记、记录入档以及记到入系统等处理,并将收到的书刊资料转交给相关科组或部门。另外,还应定期整理、追踪并发函询补缺期、缺号的书刊资料,以保证连续出版物的馆藏完整性,应与相关采购科组及时沟通采选现状,以保证采选效率的最大化,减少不必要的复本出现。

(4)建立交换档案

为保证与每一个交换户的交换史都有案可查、有迹可循,交换人员要在通联、交换工作中随时注意交换往来数据的记录和档案更新,每年要对所有交换单位的交换情况进行统计,根据双方实际交换书刊的数量,进行动态的平衡与调整。

二、接受缴送

1. 概念

缴送也称呈缴,英文术语为 Legal Deposit,译为"法定缴存",另有称为样本缴送,是指依据国家或地方颁布的法律或法令规定,出版者每出版一种新的出版物,都要在规定的期间内向指定图书馆或出版主管机关无偿缴送一定份数的样品。这种缴送的样品就被称为呈缴本或缴送本,这种制度就是出版物呈缴制度,或者叫作法定缴存制度。

2. 相关政策及制度

最早实行书刊呈缴制度是法国。1537 年 12 月 28 日,法国瓦罗亚王朝国王法兰西斯一世(François I)在亲笔签发的《蒙特斐利法》中规定,凡在法国注册出版的图书,必须向皇家图书馆呈缴若干册,这被认为是世界上最早的图书呈缴法。我国虽然在 1927 年 12 月 20 日由当时中华民国大学院制定《新出图书呈缴条例》,但没有得到很好的实施。直到 1952 年 8 月 16 日,中央人民政府政务院公布了《管理书刊出版业、印刷业、发行业暂行条例》,指定当时的北京图书馆、中国科学院图书馆为接受缴本的单位,才以法规的手段保障了呈缴本制度的实行。为了完善呈缴制度,国家出版局在 1979 年 4 月 18 日颁发的《关于修订征集图书、杂志、报纸样本办法的通知》[(79)出版字第 193 号]中第二条又进一步明确规定:"凡出版社、杂志社和报社编辑、出版的各种图书、杂志、报纸,均应在出版物出版后即向国家出版事业管理局、版本图书馆及北京图书馆缴送出版物样本"并详细规定了缴送各种书刊的册数。有些省市人民政府也规定了地方出版社向本地区省市级公共图书馆呈送样本的制度。目前,我国的《公共图书馆法》以及《图书馆法》正在紧张地起草和制定过程中,出版物呈缴制度已经从传统的印本文献扩大到了电子出版物和互联网资源的范畴。随着立法过程的不断完善,收集和保存好本国和本地区出版物的工作,将会拥有越来越有效的制度保障,接受呈缴的图书馆和出版主管机关能更好地履行其对国家和社会的责任与义务。

3. 国家图书馆缴送现状及措施

目前,国际上通行的出版物呈缴制度规定的呈缴数量是最少两份——1 份保存,1 份利用。根据我国目前的政策法规,出版单位需要向国家图书馆、中国版本图书馆和国务院出版行政管理部门免费送交出版物样本,总数量是 5 份。

1916 年起,国家图书馆正式成为出版物缴存馆,真正意义上的出版物缴存制度开始在中国出现。作为我国出版物指定收藏单位之一,国家图书馆所收内容包括正式出版的书、报、刊、音像制品和电子出版物以及以其他载体形式出版的出版物。

(1)中文图书缴送

1916 年 3 月 6 日,教育部通令"凡国内出版书籍,均应依据出版法,报部立案。而立案之图书,均应以一部送交京师图书馆庋藏,以重典册,而光文治"。从 1916 年至今,国家图书馆一直是出版物缴送本的接受单位。尤其是在新中国成立以后,在不同时期,国家及政府部门制订和颁布的一系列法规、文件,都指定由国家图书馆作为受缴单位。

目前,中文图书缴送执行的规定是 1991 年新闻出版署发布的《重申〈关于征集图书、杂志、报纸样本办法〉的通知》[(91)新出图字第 990 号]。通知规定,初版图书向北京图书馆(国家图书馆原称)缴送 3 份,重印书缴送 1 份,并规定了缴送时间及罚则。

（2）期刊缴送

1955 年文化部颁布了《关于征集图书、杂志样本办法》明确规定：
"凡公开发行的书籍、图书、杂志从第一版起，每出一版均应向……国
立北京图书馆缴存"。1991 年新闻出版署又发布了（91）新出图字第
990 号和（91）新同期字第 1316 号两个文件，对缴送方式、种类、数量
等均做了明确规定。

（3）报纸缴送

报纸缴送执行的规定是 1991 年新闻出版署发布的《重申〈关于征
集图书、杂志、报纸样本办法〉的通知》[（91）新出图字第 990 号]。通
知规定，"报纸要在出版后一周内寄送，合订本（含缩印本、目录和索
引）出版后 1 月内寄送。"

（4）电子出版物缴送

电子出版物缴送所依据的规定是 1997 年新闻出版署发布的第 11
号令《电子出版物管理规定》。《规定》第 35 条中明确指出："电子出
版物出版单位在电子出版物发行前，应当向北京图书馆、中国版本图
书馆免费送交样本"。同年，新闻出版署颁布的新出音（1996）697 号
文件，就音像、电子出版物样品缴送工作下发了专项通知。《通知》强
调指出："出版单位缴送样品的情况，将被列入音像、电子出版单位考
核和年检工作的重要内容。对不按期缴送样品或不缴送样品的出版
单位，将视情节轻重给予通报批评、核减中国标准音像制品编码和标
准书号、年检时暂缓登记或不予以登记的处罚。"

（5）学位论文缴存

1981 年实施的《中华人民共和国学位条例暂行实施办法》，明确
指定国家图书馆（原北京图书馆）为全国唯一负责全面收藏、整理我国
社会科学、人文科学和自然科学等方面的学位论文的法定机构，也是
人事部专家司确定的唯一负责全面入藏博士后研究报告的专门机构。

在中国，缴送本基本为中文文献，因此接受呈缴是我国中文文献
馆藏构成的主要渠道，而对于我国的外文文献采选而言，则只是作为
购买方式之外的一种必要的馆藏补充渠道。随着国际出版机构的不

断发展、中外出版机构日益密切的合作、国内出版机构的出版行为日趋国际化、国际版权交易步步繁盛、出版引进与出版走出去格局日益立体化,我国的出版机构与国外出版机构合作或者在国内独立出版的外文文献数量与日俱增。因此,我国的外文文献采访工作,不仅不能忽视接受缴送的这部分外文文献,而且应该形成与之相应的工作规范和交接制度,外文文献采访人员也应该将此视为应该了解和掌握的业务范围。

为了能使呈缴本及时如数收集齐全,首先要与各出版社签订合同,定期核查出版社提供的最新出版物清单,防止漏缴。其次,图书馆对于收不到的高价出版物,可以给出版社一定的经济补偿,这样既考虑了出版社的利益,调动其呈缴的积极性,又能保证呈缴本文献的完整性和连续性。再次,图书馆为保证呈缴本及时完整的收集,应设立专人负责该项事宜,并建立出版社呈缴档案进行跟踪,每年度进行检查核实,如出版社未履行合同,图书馆有责任督促补齐,发现问题及时解决。最后,还要加强馆内管理、严格要求,提高出版物呈缴率和质量。

三、捐赠

接受捐赠是图书馆获得书刊文献的一种方式,也是迅速扩充图书馆馆藏的一种方法。外文连续出版物的捐赠一般有以下几种情况:政治家、作家、学者、知名人士及藏书家,由于某种原因,将其著述或藏书无偿赠送给有关图书馆保存,以便这些珍贵的文献为广大公众所利用;国外一些友好人士和社会团体,为加强文化和学术交流,增进友谊,向我国有关图书馆赠送书刊;出版发行商以及个人著者,将其出版发行的书刊赠给图书馆,以扩大他们的影响或留作纪念;馆与馆之间的赠送,互相都希望对方的图书馆能够保存他们国家文字的图书或介绍他们国家的出版物。

1. 捐赠的方式

(1)主动索赠

主动索赠指图书馆根据需要向书刊的出版者或拥有人要求赠予。

索赠的出版物多是个人印行的非卖品书刊或政府机关、团体印行的出版物,也可能是一些可满足其他特别需求的出版物,而这些出版物的出版印刷者也愿意通过适当的分发,使这些资料获得流通和保存。图书馆做好索赠工作不但可以获得一些难得资料以补充馆藏,还可节约文献购置经费,同时也为一些宝贵资料提供了流通机会。因此,需要广泛地注意各种出版消息、赠送消息,以争取更多的获赠机会。例如欧盟就有专门的免费出版物书目①,图书馆可以根据需要申请寄赠。

(2)自动受赠

自动受赠指图书馆自动收到书刊资料拥有者的主动捐赠,以期图书馆保存、利用。其中有的是有条件的,有的是无条件的。自动捐赠的类型与受赠的几种情况基本类似,一种是社会的名人志士或藏书家由于某种原因,把自己的收藏赠给图书馆,借以为社会大众利用;一种是出版者主动将出版物捐赠给图书馆,以扩大推广该出版物的宣传和流通;一种是图书的作者在著书过程中得到图书馆的帮助,或作者和图书馆有较密切的关系(如大学教师与学校图书馆),在图书出版后主动赠给图书馆表示谢意及留作纪念;一种是社会团体和机构出于文化输出或文化交流的目的,主动赠送他们本国或本机构的文献资料。现实中绝大多数受赠现象都属于这几种情况。

2.受赠的原则

无论是哪种类型的图书馆,无论通过何种方式获得捐赠图书,都必须有一套科学、合理、规范的受赠审核原则和赠书入藏标准。例如国家图书馆针对受赠相关业务专门制定有《国家图书馆捐赠文献管理办法》,根据不同文种和文献载体形式在相应部门设有受赠窗口,规范管理受赠事宜。负责受赠工作的图书馆员应该热情接待捐赠对象,对于重要、珍贵或大量文献捐赠者,要做好受赠记录,出具相应的接收函或感谢信,对于不符合本馆入藏政策的文献,要主动向捐赠者说明馆

---

① Amt für Veröffentlichungen der Europäischen Union. Schlüsselveröffentlichungen der Europäischen Union 2012[M]. Luxembourg,2012.

藏方针和采访政策,做出适当的不入藏解释并表示感谢。做好受赠资料的处理、回复记录和宣传工作,有利于社会各界树立正确的赠书公益意识,认可并信任图书馆的赠书工作,从而为图书馆馆藏建设开辟更为广阔且珍贵的赠书来源。

3.受赠工作的程序

赠书的历史十分悠久且意义非凡,但直至今日仍然缺乏相应的制度规范和法规约束,赠书入藏原则和管理机制普遍缺乏合理性和有效性,各馆的自决性和随意性都很大,在一定上影响了珍贵赠书的内容揭示和馆藏保护。总的说来,各种类型的图书馆无论通过哪一种方式获得赠书,都应注意并遵循以下原则和程序:

①制定符合本馆采选方针的受赠管理办法,并设专人专管;

②采集捐赠信息,确认捐赠者身份信息,整理核查资料,向捐赠者了解所赠书刊文献资料的类型、种册数、(中外文)题名、作者、学科、出版时间以及捐赠缘由等情况;

③接受赠送并保留对所赠书刊文献资料的处理权,包括入藏权、转赠权、剔除权等;

④向捐赠者出具并寄送捐赠证书或感谢信,并说明处理意见,遇到无法入藏的赠书要向捐赠者说明原因并作适当处理;

⑤对受赠并可以入藏的书刊文献资料要登记造册,建立受赠采选档案;

⑥依据采编流程进行入藏赠书的记到、分编、送阅、入库等工作流程。

第五节 外文连续出版物采访常用参考工具

外文连续出版物采访的参考工具有很多,齐东峰在《外文连续出版物采访工作指南》一书中有详细的介绍,本章仅就常用的两个重要的参考工具进行介绍。

一、《乌利希全球连续出版物指南》(*Ulrichsweb Global Serials Directory*)

1. 《乌利希全球连续出版物指南》印刷版

《乌利希全球连续出版物指南》,原名《乌利希期刊指南》(*Ulrich's Periodicals Directory*),是一部权威的、反映世界各国期刊和报纸出版信息的综合性指南。1932 年由美国鲍克公司(R. R. Bowker Co.)创办,创刊名为《期刊指南》(*Periodical Directory*);1943 年以期刊部主任乌利希命名,称《乌利希期刊指南》;1965/66 年第 11 版起始用现名。收录的刊物范围极广泛,第 11、12 版曾分为"科学与技术""人文与社会科学"两大部分,鉴丁期刊内容的综合性,第 13 版又将所有学科统一排列在一起。自第 19 版起因刊物变化迅速,改为每年出版。该书第 32 版(1994 年版)增至 5 卷,共收录世界各国现刊 140 000 种,比十一版增加了 11 000 余种,包括 1991 年以来新创刊的 3700 种,对约 90 000 条款目进行了增补修改。

《乌利希期刊指南》第 32 版,收录的期刊以西文为主,不收中文、日文、阿拉伯文、印地文等东方语种和非洲语种刊物。收录的学科接近 600 个主题。著录项目包括杜威十进分类法的分类号、国别代号、国际标准期刊编号(ISSN)、刊名(非英文期刊有英文译名)、文种、创刊年代、定价、出版者名称和地址、编者等。书后有刊名索引、期刊停刊索引和国际组织机构出版物索引。

新版共 5 卷,其各卷的内容如下:

第 1—3 卷为款目正文,包括 ISSN 的说明、各种符号、货币、缩微胶片出版商、国家代码等的缩写与全称对照表、文摘与题录期刊索引等资料。

第 4 卷为索引,包括:被引文和被述评的期刊;受控发行期刊;CD-ROM 连续出版物;CD ROM 生产单位;联机检索期刊名录;联机检索代理商索引;停刊索引;国际性组织出版物索引(包括国际性机构、国际会议录、欧共体、联合国);ISSN 索引;变名索引;刊名字顺索引。

第 5 卷为美国报纸。

2.《乌利希全球连续出版物指南》补充版

为了加快报道报刊最新变化、新创刊情况,Bowker 公司于 1977 年 3 月创办《乌利希季刊》(*Ulrich's Quarterly*),作为《乌利希期刊指南》的季度补充本。该刊原名为《鲍克连续出版物书目补编》(*Bowker Serials Bibliography Supplement*),1985 年年底改名为《鲍克公司国际最新连续出版物数据库》(*The Bowker International Serial Database Update*),1988 年又改名为《乌利希最新数据库》(*Ulrich's Update*)。每期报道新创刊或新进入该公司数据库中的连续出版物,其体例与著录内容与《乌利希期刊指南》相同。

3.《乌利希全球连续出版物指南》网络版

随着网络技术的发展,《乌利希全球连续出版物指南》网络版由美国 ProQuest 公司旗下连续出版物解决方案(Serials Solutions)部门出版,该数据库全面提供 1932 年以来全世界权威出版社出版的连续出版物的详细信息。它收录了世界上定期及不定期发行的期刊、报纸、年鉴等约 72 万种,其中在发行中的(Active)近 36 万种。连续出版物的信息主要包括它们的分布状况、详细介绍、有关评论、联系地址、URL 链接等。随着平台的升级,名称改为《乌利希全球连续出版物指南》数据库。

乌利希全球连续出版物指南数据库提供三种检索功能:快速检索(Quick Search)、高级检索(Advanced Search)、逻辑检索(Boolean Search)。

(1)快速检索

适合寻找特定主题或特定题名出版物。

使用方式:输入关键词,选择欲查询之字段后,点选**Go▶**即可开始查询。

可选择字段如下:

ISSN:国际标准期刊号,为 8 位数之标准号码,可查询特定出版物。中间横杠可不输入。

Keyword(关键词):查询重要字段,如题名、出版社、出版国、主题、内容描述等所出现之词汇。

Subject(主题):查询特定主题。

Title(exact)(完整题名):完整出版物名称。

Title(keyword)(题名关键词):以关键词查询出版物名称。

(2)高级检索

符合查询特定范围的出版物,如价格范围、出版年代、在版状态、特定语文、期刊类型、被特定数据库所收录等。可有效缩小快速检索查得数据过多之缺点,提高查准率。

使用方式:输入关键词,选择欲查询之字段。可结合至多五种不同字段及五个关键词。定义关键词之间的关系,可选择 AND、OR、ANDNOT。选择其他限制条件,需勾选条件前之空格即可。共有以下几种限定条件可供选择:

Status(在版状况):包括在版、停刊、与未来6个月即将出版。

Features(特殊信息):有没有在线版、是否被其他数据库所收录、是否经过同行评审等,详见表2-1。

表2-1 《乌利希全球连续出版物指南》数据库收录期刊特殊信息说明表

条件	说明
Online	有在线版本
Refereed	经过同行评审(Peer-Reviewed)的
Abstracted/Indexed	摘要/索引
Website/URL	有网址
Journal Citation Report	被 Journal Citation Report(JCR)所收录的
Science Direct	被 Science Direct 所收录的
Ingenta Select	被 Ingenta Select 所收录的
Serials Solutions	被 Serials Solutions 所收录的
Open Access	有 Open Access 的全文链接

Serial Type(期刊类型):限定类型为学术性出版物、报纸、通讯或其他类型。

Start Year/End Year(出版/停刊年代):可限定该期刊出版或停刊之年代范围。

Circulations(发行量):可指定发行量数量范围。

Price Ranges(价格范围):可指定不同版本(个人版、企业版)、币种及价格范围。

Publisher Names(出版社)

Country of Publications(出版国)

Language(语种)

Frequency(出刊频率)

Document Availability Through(文献传递服务):可选取文献传递服务供应者,在该供应者可提供之期刊清单中搜寻。

Reviewed by(评论来源):可指定所寻找之期刊必须被该评论来源所评鉴。

Sort Results by(检索结果排序方式):可选定检索结果之排序字段,并选定排序方式为递升或递减。

输入关键词并选择完所有限制条件后,点选 SEARCH ▶ 开始检索。

(3)逻辑检索

适合检索词汇超过五个以上或已熟习数据库使用者使用。

使用方式:自下拉式选单中选取欲查询的字段,选定后,系统会自动将该字段的代码输入到上方之空白字段中,在字段代码后方,输入欲查询之关键词。若欲结合两个以上之关键词,请于关键词间键入AND、OR、ANDNOT。如:la = chinese and kw = engineering andnot sc = ceased。完成检索式后,点选 SEARCH ▶ 开始查询。

(4)检索技巧

如表 2-2 所示。

表 2-2 《乌利希全球连续出版物指南》数据库检索指令一览表

	指令	意义	适用时机	使用方式与实例
切截	* $	可查询具有相同字根,或不同拼法之词汇,如:net/network、woman/women、art/arts	不确定词汇拼法;一次寻找具有相同字根的词汇;一次寻找不同字形变化	查询相同字根:输入 medic * 可查得 medicine,medical,medication 等;查询不同拼法:输入 wom * n 可查询 woman,women
布尔逻辑	AND	所有词汇必须出现;即所有词汇之交集	有两个以上概念,且每个概念都需出现时	寻找"受虐儿童",可输入 child and abuse
	OR	所有词汇仅需一个出现;即所有词汇之联集	有两个以上的概念,但只需出现其一概念即可时 单一概念有两种以上表达方式时	寻找台湾地区或新加坡出版物时,可输入 Taiwan or Singapore;寻找电视时,可输入 TV or television
	AND-NOT	不包含该词汇	不希望特定概念或词汇出现时	欲寻找劳工之信息,但不需要女性的概念,可输入 labor andnot women
	以上三者交互使用	在同一个检索式中,AND、OR、ANDNOT 可同时并用	各概念的关系复杂时	欲寻找探讨计算机或网络相关之中文期刊,以指令检索为例,可输入 kw = computer or internet and la = Chinese

二、外国报刊目录

《外国报刊目录》是中国图书进出口(集团)总公司出版的大型综

合性外文连续出版物目录,始创于1961年,是国内唯一一套系统报道国外报纸与期刊并被国内图书馆界公认的权威性工具书。《外国报刊目录》收录的连续出版物涵盖了185个国家和地区、约50种语言、7万余出版社的20多万种报刊,几乎囊括了世界上各主要出版社的所有重要的报纸和期刊。现在每年出版光盘版,同时在网站上实时更新。

《外国报刊目录》第九版,全书主要由目录正文、刊名总索引和ISSN索引三部分组成,采用科图分类法为基础的刊号体系。每条款目的著录项目共有23项,包括中图刊号、ISSN、杜威十进分类法类号、题名、文别、版别、创刊年度、全年期数、出版频率、页数、开本、定价、发行机构名称及地址电话传真、编辑机构名称、出版机构名称及地址电话传真、原题名、中译名、是否为新刊或核心刊、被何种著名检索期刊收录、内容简介等。

条目举例:

582C0076　　　ISSN 0261-4189　　　　Q7

EMBO Journa. 1981 24/yr. 152PP. 12K 1175.00/USD Oxford University Press, Journal Subscriptions Department, Great Clarendon Street, Oxford, OX 26DP, UK ⊗ 01865)267907 FAX ⊗ 01865)267485

E-MAIL:jnl. orders@ oup. co. uk

WEBSITE:http://www. oup. co. uk/journals　　ED:Eouropean Molecular Biology Oganization

PUB:IRL Press Ltd.

《欧洲分子生物学学会志》刊载分子生物学及其相关遗传学、基因节后、细胞生物学和病毒学等方面的研究报告和简讯。　高价刊。

需要说明的几点:

1. 中图刊号

中图图书进出口(集团)公司为每种报刊编定一个代号,它具有唯一性,互不重复。基本刊号有三部分组成,共8位:前三位为分类号(参照附录1:《外国报刊目录》分类与中图法分类参照表);中间两位为国家或地区代码(参照附录2:《外国报刊目录》国家和地区代码表);后边三位为各同类报刊的顺序号。

例如:英国出版的刊物:Business History,其中图刊号为294C0069(294 为贸易经济类,C 为英国)。

期刊的非印刷型载体,其刊号是在基本刊号的后面加分隔号(/),再加表示载体的字母,各类型的载体表示如下:A(录音带)、C(光盘)、D(软盘)、E(电子邮件)、F(传真)、I(网络)、M(缩微平片或缩微胶卷)、T(计算机磁带)、V(录像带)。

2. 刊名

报刊名称原则上以版权页上的刊名为准;缩写刊名的字母之间原则上不空位;随正刊供应的附刊、增刊、别册等单独出版物,其名称录在正刊名之后,中间用逗号相隔,用 With 相连;主刊名与次刊名之间用冒号连接。

3. 刊价

按年度发行的报刊,刊价为年价;按卷收费的期刊,刊价为卷价;金额后面为货币名称缩写,价格仅为参照价格,实际以出版社的最新报价为准。

报刊价格的著录原则:著录要有根据,著录国外定价,著录最新报价;无国外定价的著录当地定价,无最新报价的著录原有价格;免费期刊、不定期期刊和无价格来源的期刊不著录定价。

需要说明的是随着计算机技术的发展,《外国报刊目录》印刷版只出版到第九版,取而代之的每年出版一次的光盘版。

第三章　外文连续出版物的记到加工工作

第一节　外文连续出版物记到工作概述

外文连续出版物的记到又称登到、划到、登录,指记到工作人员对供应商送达本馆的连续出版物进行验收并在卡片或管理系统中进行记录、封面馆藏信息标注、加盖馆藏章、夹磁条、贴条码并分送入阅览室的系列工作过程。它上承连续出版物的采访工作,下接阅览流通工作,是连续出版物管理与服务的重要环节①。其工作的必要性有以下几方面:

一、资源入馆的初步记录

外文连续出版物经过记到加工,便正式进入图书馆馆内管理流程,是资源入馆的最初始记录。准确流畅的记到工作,直接客观的反映出外文连续出版物的到馆情况,是各项工作有效开展的重要基础。

二、读者服务工作的数据支持

连续出版物流通过程中状态信息的变化均以记到记录为基础,随着刊物的流通,工作人员随时对记到信息进行状态修改。外文连续出版物品类繁多,出版状态复杂多变,读者的关注灵活广泛。读者服务人员根据系统记录情况,能准确获知连续出版物馆藏状态,大大提高了读者服务质量。

---

① 陆彩玲,吴江丽. 自动化管理时代的期刊记到工作[J]. 现代情报,2008(11):152-156.

三、编目人员数据维护的重要依据

外文连续出版物的出版发行变化频繁,变化预期性弱,给馆藏数据的更新维护增加了难度。记到人员是外文连续出版物到馆后的第一读者,通过核对出版信息,能够及时发现如刊名、开本、出版形式、出版频率、载体形式等出版发行项的变动,并随时通知编目人员维护书目数据,编制新刊书目数据等,保证了馆藏数据的及时更新完善。

四、文献采选的信息参考

连续出版物发展迅速,发行不稳定等情况层出不穷。记到人员作为实物的最早接触者,对于报刊质量的优劣、发行状态是否符合馆藏标准等有最先发言权,是报刊采访征订工作的重要把关人。另外,记到人员能直接掌握连续出版物的来源及渠道,对于价格昂贵的外文连续出版物的副本重复率能严格把控,通过与采访人员及时沟通,可有效避免资源与资金的浪费。

五、与下架装订工作相辅相成

下架装订过程中的分本整理以及合订本的挂接和描述都需要记到数据的支持,同时下架装订工作也是记到及典藏阅览工作情况的重要检验环节。对于前期未发现的问题,如刊物内容变化、刊期缺失或受损等情况,需及时通知采访及编目人员,待数据修改完毕,缺失期次补齐后,再行装订,力求合订本装订完整。

六、催缺工作的首要依据

记到工作详细描述了每份到馆刊物的卷期、出版日期以及到馆日期,缺期情况一目了然,为催缺工作提供第一手客观依据。

第二节 外文连续出版物记到的工作流程

外文连续出版物的记到工作是采访工作的一个重要环节,也是连续出版物管理的重要基础工作之一。外文连续出版物的记到工作主要有三方面内容:一是验收,即对到馆的连续出版物进行数量和质量的核查;二是记到,即对连续出版物进行登到;三是分发,即向阅览和典藏部门移交登记好的文献。本节主要阐述外文报刊的记到管理工作,其工作流程如图3-1所示。

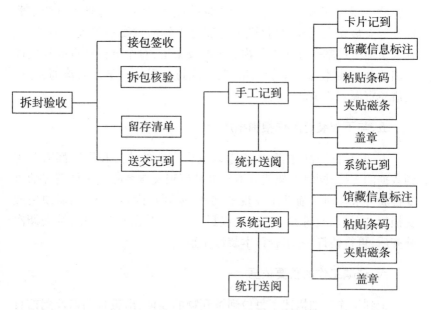

图 3-1 外文连续出版物记到工作流程图

一、拆封验收

外文报刊的采访渠道主要是订购、交换、缴送、赠送,每个渠道都有不同的发货方式。一般通过订购方式采购的外文报刊大多是通过进出口公司专车送达;交换的报刊一般通过邮局配送,需要图书馆定期进行报关和通关后,通过邮局送达;缴送的报刊一般由出版社直接邮寄送达;赠送的报刊一般由赠送方直接送交图书馆或由采访人员上门取货。考虑到外文报刊的特殊性,多数图书馆都是通过进出口公司订购方式采购外文报刊。报刊发订后,由进出口公司定期将订购的报刊送达图书馆。图书馆工作人员首先要做好接收查验工作,主要工作流程和注意事项如下:

1. 接包、签收

接到代理公司送达报刊后,首先应核对包装上的收件部门名称、报刊户号、件数(箱包数)等信息。核对无误后,在交接单上签字接收,若发现误投情况,须原件退回。

2. 拆包、核对清单

包箱信息核对无误后,须拆箱拆包,将包内发货清单与报刊实物进行一一核对。通常一包一单,以免出错。由于外文报刊涉及语种多,小语种报刊出版变化大,对发货人员要求较高。清单核对时经常遇有下列问题:

①清单所列刊号、刊名与实物不符。若误投报刊是本馆订购范围,可将报刊记到送阅,并需及时与代理公司联系,修改发货记录;若送达报刊非本馆订购范围,需将刊物原路退回,并通知代理公司修改发货记录,标记随刊清单错误项,留存备查,并督促补发清单所列报刊。

②清单卷期、年代信息与实物报刊刊印信息不符。报刊出版经常以年代卷,以月代期,偶尔也会出现卷期不规则、刊印错误等情况。工作人员须认真核对,查找不匹配原因,确定是发错问题还是出版变化问题,并与代理公司沟通,及时修改发货记录,处理问题卷期,避免影响后续到货。

③核验时发现送达报刊刊名、开本等发生明显变化,及时通知采访人员和编目人员,更新维护馆藏数据。

④刊物破损,影响馆藏和读者服务的,需与代理公司沟通,尽快更新。

报刊出版尤其是报纸的出版周期短、更新快、时效性强。如果能在发货核对环节,将错漏问题及时解决,抓住报刊补缺的最佳时机,对于报刊的收藏意义重大。对于一时解决不了的情况,需将问题记录在案,督促代理公司尽快反馈。

3. 留存发货清单

发货清单记录了送达报刊的详细信息。报刊查验过程中发现的问题,工作人员需详细在清单上标记,并通知代理公司备案。由于报刊管理工作流程长且步骤多,有些问题可能要到最后的查缺和下架装订阶段才被发现。缺期问题是报刊管理中最常见的问题,为了确认缺期原因,必须从发货记录开始查起,尤其是备注过的问题清单。因此,每次查验完毕,需要将发货清单按照代理公司和时间先后顺序排列保存备查,尤其是标记过的清单,保存时间一般为两年。

4. 送交记到

送达报刊验收完毕,各语种报刊按字母顺序进行粗分上架或直接送交记到人员记到。

二、手工记到

手工记到作为传统的报刊记到方式,分为书本式(即账簿式)和卡片式。为存放和查找方便,图书馆一般多采取卡片式。

卡片记到主要是将到馆报刊卷期信息标记到编目人员打印好的卡片上,基本步骤为:根据手中报刊的类别、订购号、刊名等信息,找到相应的记到卡片,核对卡片内容与实物是否一致。如信息一致,在相应的日(周、月)或卷期栏内标注卷期号或划"√"等规定的记到符号,完成卡片内容的登记。附件、信息变化等情况在卡片相应位置注明。发现新订报刊或报刊信息变化情况,先将报刊转交编目人员编目,待问题处理完毕,印制新卡片,再行记到。

三、自动化管理集成系统记到

随着自动化管理系统在图书馆业务中的普遍运用,多数图书馆都已改变手工记到的传统做法,不再拘泥于到刊先上架、整序再记到的流程,而是有效利用计算机集成管理软件的功能,直接按照到货的先后进行验收,并在管理集成系统的记到模块完成到馆报刊的信息登记。

自动化管理集成系统记到的主要步骤为:通过系统提供的题名、订购号、ISSN 等检索路径,在记到模块中查询到需要记到的报刊数据,核对系统数据,找到与手中报刊相应的单册数据,刷登条码记到。如发现新订报刊或报刊信息变化情况,转交编目人员编目,在新数据下进行记到。

对于报纸来说,如果每一份报纸都在计算机里记到的话,工作量太大,效率太低,也没有必要。因此一般采用手工记到和计算机记到相结合的方式,即:散报记到在卡片上,待达到装订册厚度后,再将其信息在计算机系统中进行记到。

报刊完成计算机集成系统记到后,可在系统中显示出报刊的预计到馆时间、登记时间、送出时间以及馆内流通状态,便于工作人员随时跟踪了解文献的加工处理状态和去向,读者也可通过读者服务查询系统获知报刊的最新信息。

四、封面馆藏信息标注

卡片或系统记到完毕的报刊,需要由记到人员在报刊封面规定位置标注索取号、分类号、附件(如 supple、special)等信息,一方面为阅览室工作人员的报刊上架、顺架以及下架工作提供数据支持,同时也为读者服务提供架位标识。

五、粘贴条形码、夹贴磁条、盖馆藏章

本馆收藏的需做编目加工的外文报刊,在记到加工过程中,都需

要加盖馆藏章,粘贴条形码;对于提供借阅服务的外文期刊都需要夹贴磁条。这些工序的规范操作对于外文报刊的流通管理和馆藏安全至关重要。

六、送阅

报刊记到完成,需要做好转送阅览工作。在分送阅览室前,将报刊按去向分类计数,并填写交接单。交接单一般包含以下几方面内容:交接日期、文献类别、总种数、总册数、转出地、接收地以及转出负责人和接收负责人。

报刊送达阅览室后,需与阅览室工作人员当面再次清点报刊数量、阅览室工作人员补充交接单相关内容、记到工作人员填写阅览室接收单相关内容。阅览室报刊接收单一般包含以下几方面内容:接收时间、文献类别、总种数、总册数、转出地、接收地以及转出负责人和接收负责人。最后由阅览室工作人员完成流通状态修改及上架等工作。

第三节　国家图书馆外文报刊记到加工工作实践

一、外文报刊记到工作流程及工作规范

国家图书馆外文报刊品种多,类型复杂,其记到工作相对烦琐。历史上,外文期刊一般对到馆的每个单册进行卡片记到,同时在单册期刊的封面上标注馆藏信息。随着 Aleph 系统的引进,期刊记到工作实行了卡片和系统双重记到,两年后,完全在 Aleph 系统进行单册记到。外文报纸由于出版频率密集,单份报纸在卡片记到,达到合订册厚度的报纸由记到人员将合订册信息在 Aleph 系统进行记到。

外文报刊记到包含以下工作内容:核对到货清单、手工卡片登到、标注馆藏信息,ALEPH 系统登到,送阅览室等。具体如下:

1. 核对发货清单

①信息核对的首要标准就是以报刊实物为准,不管报刊内容如

何,不得擅自对实物进行任何处理。随刊物出版的附件,除与主旨内容无关的广告、宣传册、宣传卡片外,不得随意取出。若发现实物内容变化,或卷期有明显问题,应及时与代理公司或出版机构联系,确认原因,再行处理。

②发货清单的设置。发货清单作为代理公司和图书馆之间报刊流通的重要凭证,内容需如实反映出报刊流通的各要素信息。通常,清单页须刊印订购户号、发货日期、包号、负责人以及订购报刊的刊号、题名、卷次、期次、附件、册数、年代等信息。具体样例如图 3 - 2 所示。

户号 00024C		订户期刊日包装清单			发货日期: 2016/04/08		复核人:	
刊号	卷次	期次	附刊	部分	册数 年代	包号: 2016036	包装人: M	
420P0017		00003			1 2016			
	Звезда. (журнал)							
420P0018		00003			1 2016			
	Знамя.							
420P0031		00006			1 2016			
	Роман—газета.							
420P0031		00005			1 2016			
	Роман—газета.							
420P0032		00001			1 2016			
	Русская литература.							
页数 2	总页数 2	本页种数 5		本页册数 5	实发种数 13		实发册数 13	

图 3 - 2 外文期刊发货清单

拆包核对时,首先注意清单刊印的刊号、题名项与实物是否一致,然后详细核对卷期信息,并注意报刊是否附带附刊、光盘、胶卷等附件,以备记到保存。清单核对过程中,可能存在许多细小问题,如不及时解决,对报刊馆藏的完整性以及后期的催缺工作影响颇大。

2. 手工记到卡片设置

记到卡片由编目人员编制打印,如实反映报刊的出版发行等内容。卡片的录入内容和格式在设置时须考虑到采购、管理和读者服务等多方面因素。

手工记到卡片分两种,一种是记到卡片,大小为 12.5×7.5cm;一种是明见式目录,卡片大小为 15×10cm①。我国图书馆所用卡片的大小标准借鉴了苏联时期苏联国立列宁图书馆、苏联国立公共科技图书馆和苏联科学院自然科学图书馆共同制定的国家标准 7.31–81《图书馆文件·原始登记文件·对表格外观的要求》②中规定的卡片规格。限于卡片篇幅有限,内容设置应简明扼要。期刊记到卡片一般一张卡片可以多年使用,由于报纸的出版频率比期刊高得多,一般一年一张。

(1)外文期刊记到卡片

外文期刊记到卡片内容分两部分:表头部分第一行录入期刊的题名、订购号和 ISSN,第二行录入期刊的索取号、频率和馆藏起止卷期;下半部分是备注栏和卷期记到表格栏,详见图 3–3。

题名:		订购号:					ISSN:					
索取号:		频率:					起卷:					
年	卷	正	二	三	四	五	六	七	八	九	十	十一	十二
备注													

图 3–3 外文期刊记到卡片

外文期刊有复本及附刊时,一般在主刊的记到卡片上单独标注其复本及附刊的卷期标识,详见图 3–4。

---

① 黄俊涛,倪波.连续出版物工作[M].北京:书目文献出版社(今国家图书馆出版社),1991:54.

② 李莲馥.关于图书馆原始登记文件的苏联国家标准[J].图书馆学刊,1984(2):63.

题名：		订购号：				ISSN：						
索取号：		频率：				Quarterly 起卷：						
年	卷	正	二	三	四	五	六	七	八	九	十	十一	十二
2000	6 index		1^x			2 sup.			3			4	
2001	7		1			2			3 index			4	
备注													

图 3-4　外文期刊复本、附刊记到卡片

复本标识"x"为大于 2 的整数数字,表示该期次期刊的到馆册数。如 1^2,表示该刊本年度第一期存在一个复本。

随刊出版的索引(Index):若该索引为本期次期刊的单期索引,将"Index"标记在主刊期次格内,年度索引标记在年或卷格内。

不能独立编制新数据的随刊附件(以增刊为例),标记在主刊期次格内。"增刊"英文标识为"sup."(supple),俄文为"при."(приложение),韩文为"별책부록"(别册、附录),日文为"増刊"(増刊)、"付録"(附录)。

期刊出版信息发生变化的,如改名、停刊、频率变化等,须在备注栏详细描述。

(2)外文报纸记到卡片

报纸的记到卡片内容分两部分:表头部分录入报纸的出版年份、订购号、题名、频率、系统号。下半部分是卷期记到表格栏。

在报纸卡片记到时,工作人员根据报纸本身出版频率的标识形式,在相应的空格内以不同方式标记。有卷期号标识的严格按照卷期标识记到,详见图 3-5。

年份:2016 订购号:D03X0013 题名:THE CHINA POST 频率:Daily 系统号:767013													
	1	2	3	4	5	6	……	25	26	27	28	29	30	31
1	31	32	33	34	35	36	……	55	56	57	58	59	60	61
2	62	63	64	65			……							
⋮							……							
11							……							
12							……							

图 3 – 5　有卷期号报纸记到卡片

以出版日期代卷期号的,可根据设置的记到卡片在对应的空格内划到,如图 3 – 6。

年份:2016 订购号:D03GL053 题名:THE STRAITS TIME 频率:Daily 系统号:766878													
	1	2	3	4	5	6	……	25	26	27	28	29	30	31
1	√	√	⊘	⊘	√	⊘	……	√	√	√	√	√	√	√
2	√	√	√	√	⊘		……							
⋮							……							
11							……							
12			∙				……							

图 3 – 6　以出版日期代卷期号报纸记到卡片

报纸附带的胶卷一般单独登记,在卡片相应位置标识该胶卷的起止卷期,如图 3 – 7。

有的报纸出版时附带增刊,其增刊一般单独记到,其记到卡片如图 3 – 8。

年份:2015　订购号:363B0004/M　题名:THE AIR FORCE TIME　系统号:271353												
	1	2	3	4	5	6	……	25	26	27	28	29	30	31
1							……							
2			2014:7—2015:2				……							
⋮							……							
11			2015:2—2015:7				……							
12							……							

图 3 - 7　胶卷记到卡片

年份:2015　题名:THE WASHINGTON POST MAGAZINE　频率:Weekly　系统号:766918												
	1	2	3	4	5	6	……	25	26	27	28	29	30	31
1				√			……	√						
2	√						……							
⋮							……							
11	√						……							
12	·						……		√					

图 3 - 8　附刊记到卡片

卡片记到时,需要注意以下几方面问题:

①卡片表头内容必须如实录入,题名信息不得擅自缩写简化。

②订购号栏根据报刊送达渠道不同,标示不同内容:通过进出口公司采购的报刊,此栏须填写报刊订购号;交换报刊须加盖"交"字章;缴送报刊须加盖"缴"字章;赠送报刊须加盖"赠"字章等。

③为方便查找,卡片会按一定的规律排序存放。一般先按出版国家和类别区分,各类别内卡片再按订购号或题名字顺排列。

3. 期刊记到加工规范

(1)卷期的选取

期刊卷期主要从题名页、版权页或书脊处获取。有些外文期刊还会将卷期信息标注在所有内容页的页面底端。

①既有当年的卷期号或月份(小号),又有总期号(大号)的,以当年卷期号或月份为主,后面应加注括号标明总期号。外文期刊常有频率不规则现象,如小号不连续、大号连续,或小号连续、大号不连续的情况,若记到描述只取一种,往往为后续催缺和装订工作,以及读者服务造成困惑。

②印有两种卷期或月份标识的,多取与题名直接相关的期号。如有些期刊自带附刊,附刊不能作为新刊独立编目记到的,如果附刊没有自己的卷期标识,则附刊卷期从主刊;若附刊兼有主刊的卷期,又自身具备系统的卷期标识,则以自身卷期记到描述。

③期刊出版偶尔会有某期提前或延后出版情况,记到加工时一律按卷期号排列,不以出版时间和到货时间为依据。

(2)记到问题处理

①记到时必须保证手中报刊信息与卡片或系统数据信息的一致。记到过程中遇到问题如:更名、ISSN 号或订购号变化、停刊、频率以及出版信息等变化时,需要记到人员及时通知采访和编目人员,编制新的采访和书目数据,待处理完毕后,再在系统中登记单册信息,避免将新刊的单册信息记录在已经停止出版的书目记录下。

②期刊附带的光盘,应与其纸本期刊一起登记到同一书目数据下,直接复制主刊数据期次信息,修改描述记录,刷登条码记到,保证光盘记录紧随主刊记录。同时在盘盒上贴条码、书标,在盒脊上加贴盘标。

③附刊,如有独立题名和连续卷期,有些还具备自己的 ISSN 或 ISBN 号,应将其视为一种新刊物处理,交由采访和编目人员,新建数据,独立记到。依附于正刊出版,没有独立卷期的,随正刊记到,并在附刊封面明显处标注主刊索取号、分类号和相应的附刊标识。以西文附刊为例:增刊、副刊标识为 supplement,特刊、专刊为 special,指南为 guide,索引为 index。

④期刊当年的索引,随原刊记到。单独的多年累积索引或一年出多种索引,应作为新刊,独立记到。

⑤随时检查是否缺刊,记到时发现有应到但未到的刊期时,要及时填写催缺单或交采访人员催缺。

（3）封面馆藏信息标注注意事项

卡片或计算机系统记到完毕,须在期刊封面标注索取号、分类号,贴条码,盖印馆藏章。标注过程一般注意事项如下：

①索取号、分类号标注在期刊封面显眼处,避免遮盖封面信息。

②条形码贴在期刊封面下端中部,位置以美观且不影响封面的信息为宜。如果外文期刊是以合订本形式到馆,则条形码贴在封二下端中间位置。封面馆藏信息标注形式如图3-9：

图3-9　外文期刊封面馆藏信息标注

③随刊盒装光盘需粘贴内外两个书标：一个在光盘盒脊紧贴下端的位置粘贴一个书标；另一个贴在光盘盘面空白处,要求端正清晰,不遮挡盘面重要信息。

④馆藏章加盖于单册期刊封面题名上,位置以美观且不影响期刊重要信息为宜。

所有封面标注内容,注意不能遮盖封面重要内容,如年卷期、ISSN以及人物头像等。

（4）夹贴磁条

为了防止期刊丢失，在每个单册期刊中需要夹带磁条，以便阅览室防盗仪器检测读者的不法行为。磁条要求尽量夹贴在书页靠近书脊的夹缝处。要求磁条夹贴牢固、隐蔽，不要破坏图书的信息，不可露出书籍上下两端，切勿粘住夹磁条的两个书页，也不可将胶水滴洒在书页上，不要影响读者借阅。

如果期刊订口的空白处很少，胶水无法避免会粘到文字时，本着不破坏期刊信息的原则，可不夹贴磁条。

如发现文献中的磁条被读者损毁，要求入藏部门退回原加工部门重新夹贴。

如文献上条形码被损毁，要求入藏文献部门退回原加工部门重新粘贴条形码，并更新相应馆藏信息数据。

（5）送阅览室

记到完毕，按阅览室去向，将手中期刊分类计数，并将数据清晰记录在册，以备月底统计。

4.报纸记到加工规范

报纸的记到加工规范与期刊的处理标准有很多是一致的。卡片记到时代，报纸和期刊都是逐册验收记到。计算机系统记到后，期刊记到已经不再使用卡片，报纸出版频率较期刊要高很多，通常采用卡片和计算机同时记到。由于外文报纸还采用单期手工记到，记到卡片中的报纸名称每年都需要手工打印，订刊号、年代、报纸名称、系统号都要如实正确录入。

（1）卡片记到标识

以年月日代卷期出版报纸，每期在相应的日期表格内标"√"；有卷期号的报纸，将报纸的卷期号标记在相应的日期表格内；不出版日期表格内标"／"；缺期标"·"，控制阅读范围期次，表格内标"○"。

（2）报面馆藏信息标注注意事项

卡片记到完毕，按规定在报面固定处或明显位置标注索取号、分类号，并盖印馆藏章。

①索取号、分类号标注在报纸报头附近显眼处,避免遮盖版面信息。

②报纸现报入库之前的合订本条形码贴在单册第一份报纸报头右下端,位置以不遮盖信息为宜。

③馆藏章加盖于每份报纸报头报名上,位置以美观且不影响报纸重要信息为宜。

（3）系统记到

①当报纸积攒到一定的厚度,就可以在卡片记到的基础上,将指定卷期合并成一个合订本,进行计算机系统记到。合订本要根据报纸开本的大小和年卷期顺序整理,并按照规定的厚度分册,一般可按8天、10天或半月的报纸量作为一个合订本。每个合订本作为一个馆藏单位,合订本封面贴条码,进行刷码登到。

②随报胶卷和副刊都独立于原报,重新建立卡片和数据,进行卡片和系统记到。

③发现报纸更名或停刊,应立即填写"报纸出版发行变更工作单"交给采访和编目人员。

④发现报纸有增刊和出版频率变化,应立即填写"报纸出版发行变更工作单",及时交给采访和编目人员,待采编人员处理后,再行记到。

⑤随时(或定期)检查是否缺报,若有缺报应及时向采选人员(或直接向代理公司)提出催缺通知单,向发货单位催缺补缺。

（4）送阅览室

记到完毕,按阅览室去向,将手中报纸计数,并将数据清晰记录在册,以备月底统计。

（5）报纸记到特殊情况处理如下:

①如题名页颜色较深,馆藏章可以不盖在题名页上,而顺延盖在报纸的其他页上,条形码则依旧贴在题名页上,位置以美观且不影响书名页的信息为宜。

②题名页如果有许多文字信息或图片信息时,条形码与馆藏章的位置以美观且不影响题名页的信息为宜,先右后左。

5. 记到时限、准确率

报刊记到要严格按照记到规定完成全部工序,保证报刊在图书馆规定的日期内上架,不积压,记到错误率不超过 1% 。

二、Aleph 系统记到加工实践

国家图书馆外文报刊语种繁多,主要有英语、德语、法语、俄语、西班牙语、韩语、日语等。目前,所有的外文文献纸本资源的采访、著录、记到、下架装订等管理程序都能在图书馆自动化管理应用系统 Aleph 500 的各相应模块完成。

1. 外文期刊的记到加工实践

外文期刊的记到需要在 Aleph 系统的采访模块完成,流程及注意事项如下:

(1)通过系统提供的检索路径检索期刊数据

采访模块中提供了多项检索路径:题名、著者、索取号、系统号、ISSN、书商订购号、出版者等 34 项,且各路径之间可以进行"AND""OR""NOT"的任意组合检索。期刊检索较常用的是 ISSN 和书商订购号。

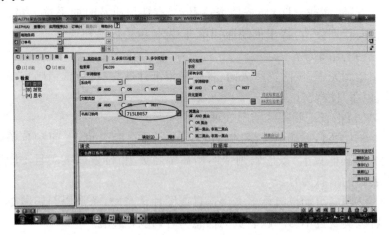

（2）得到检索结果

核对系统数据与手中期刊信息。

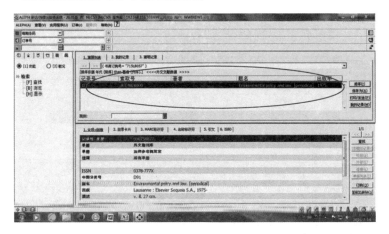

（3）推送到连续出版物单册界面

选择相应未到单册，刷登条码登到。

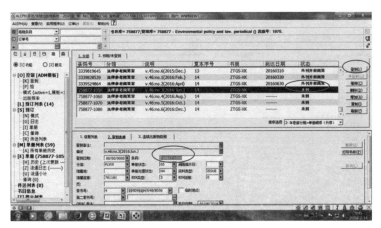

（4）设置频率并建立单册列表

每年首期刊物到馆记到，需首先设置频率并建立当年的全部单册列表。

①从树形列表中选择"模式"；

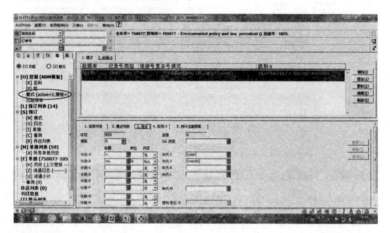

②选择要修改的栏目"级别—X"；

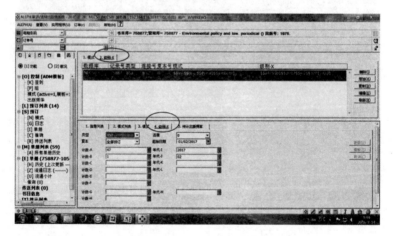

③修改"级别—X"中的内容,并保存;

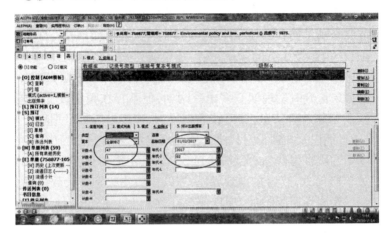

④建立单册。

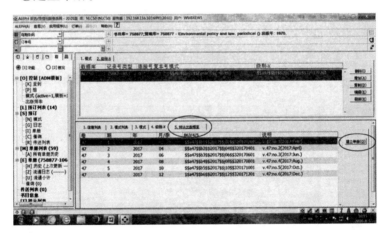

期刊记到加工过程中,需要注意以下几点问题:

①列表生成时都是按选定的频率整年生成。系统内的频率类型并不能完全满足期刊的频率种类。在列表生成时,如果没有匹配的频率选项,尽量选择相近的频率,然后在单册列表中复制缺失单册信息或删除多余单册信息,并在单册记到时,注意修改期刊出版日期。

②如果记到时发现期刊多出一两期,但不存在频率改变可能,只需要复制相邻单册信息,然后在登到界面,连续出版物级别项中对卷期、出版日期以及描述信息栏进行修改再记到,不要再重新生成列表。

③期刊所带附件,如光盘、增刊、专刊等,不需单独新建数据的,复制相关单册信息,然后在登到界面,连续出版物级别中计数级别 2 和最下端描述内卷期后添加"CD"或"sup.(增刊)""special(专刊)"等相应描述。

2. 外文报纸的记到加工实践

外文报纸合订本的记到需要在 Aleph 系统的编目模块完成,流程及注意事项如下:

(1)通过系统号、订购号或报名等检索路径检索报纸数据

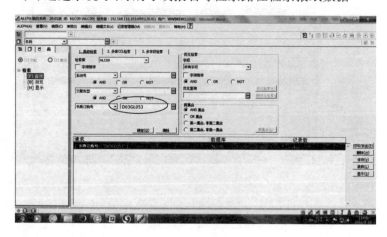

（2）得到检索结果，显示著录信息

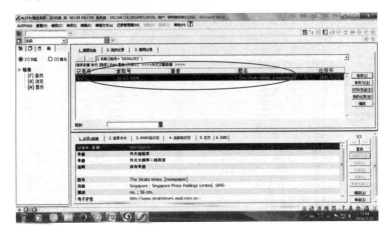

（3）推送到连续出版物单册界面，复制相邻单册信息

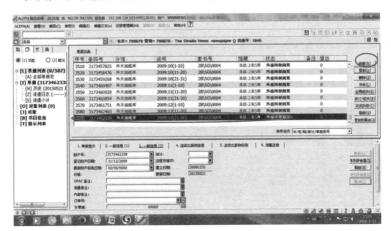

（4）复制单册界面，修改"一般信息（1）"中内容，刷条码登到。

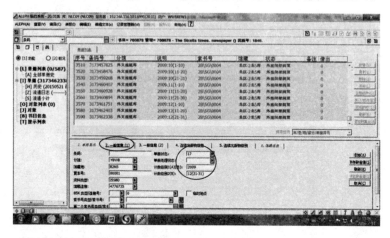

跨年报纸单册数据复制登到，还需要修改"连续出版物级别"内"年代级别1（1）（年）"内的数据。

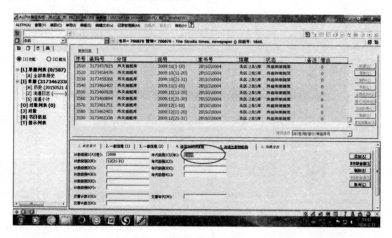

（5）报纸合订本记到后，打印出装订单贴在报纸合订册的左上角或右上角，条形码贴在报头右下角。报纸装订单需录入报纸名称、单册条码号、装订范围、索报号以及部次号。下图3-10为报纸合订本的装订单样例。

报名：　　**The Guardian**
单册条码：3292889874
装订范围：*2016:5(1-15)*
索报号：　2B\GB\0026
部次号：　1

图 3 - 10　报纸合订本装订单

三、催缺工作

报刊的缺损是图书馆文献管理过程中无法回避的问题之一。除去报刊出版本身的问题,造成缺损的原因主要来自三个方面:一是订购,邮寄过程中,漏订、误投等工作人员失误;二是馆内流通过程中,工作人员验收、记到过程不严谨,或读者的撕页、偷窃等不文明行为;三是装订过程中,印厂工作人员工作失误造成的丢失和内容破损。

报刊的缺损给读者查阅资料带来诸多不便,并且严重影响连续出版物馆藏的完整性和连续性。催缺工作作为补救措施,显得尤为重要,需要记到人员、读者服务人员以及下架装订工作人员协助采访人员共同完成。报刊的催缺主要采用批催缺和零星催缺两种方式:

1. 批催缺

采访人员在每年至少要进行两次批催缺,一次是在订刊前,这次催缺的主要目的是了解本年度到刊情况,了解造成某些报刊到刊不好的原因,为第二年订刊做好准备。第二次通常是在年底,这次催缺主要是希望了解本年度订购报刊的发货情况,对那些始终未到的报刊要及时与代理公司和出版社进行沟通,了解不到刊的原因,做到心中有数。当收到代理公司的反馈信息时,采访人员要逐一核实记录在案,定期检查催缺结果。

另外,可以利用图书馆管理系统进行催缺,系统催缺要求记到数据必须规范,只有记到数据规范,系统输出的缺期数据才能准确,否则不但不能保证工作效率,还会给采访人员增加大量的甄别工作。

采访人员在每次进行催缺时都应该列出缺期清单,交予代理公司核对,当收到代理公司反馈后,采访人员需要对反馈信息做进一步核对,核对无误后须将催缺情况整理汇总统计完成催缺报告。

2. 零星催缺

①日常记到随时催缺。在记到过程中,记到人员要随时关注报刊是否缺期,当发现后续报刊已经到馆,而前面的刊期却没有到达时,收登人员就要对其进行催缺,填写催缺单,或通知采访人员与代理公司联系。

②查询借阅过程中发现缺期及时催缺。在读者阅览、图书馆员做参考咨询时都可能发现所需报刊缺期情况,发现这些情况时也应该随时与采访人员联系催缺。

③装订整理发现缺期尽快催缺。报刊经过一定时间的阅览后将会下架装订,装订整理是对报刊到刊情况的最后一道检验工序。通过装订不但可以发现缺期及记到过程中的错误,还可以发现阅览期间因为丢失造成的缺期。装订人员发现缺期也要尽快与采访人员沟通,通过各种渠道补缺。

无论从哪个渠道得到的缺期信息,采访人员都应该将其认真记录在案,并将催缺情况记录下来,随时关注反馈结果。

另外,为了保证报刊催缺的及时性,图书馆采访馆员可以按照自己的需求要求代理商定期提供到货报告,报告可以每月或每季度一次,也可按照图书馆需求随时提供。收到到货报告后采访人员应将其与图书馆记到信息进行比对,如果存在出入则要及时查明原因,保证到货报告的准确性。

第四章 外文连续出版物编目工作

外文连续出版物的编目是指按照一定的标准和规则,对外文连续出版物的外部特征和内容特征进行分析、选择、描述,并予以记录成为款目,继而将款目按一定顺序组织成为目录(Catalogue)或书目(Bibliography)的过程。其工作内容包含分类、编制目录、建立馆藏目录体系等。经过标准化和规范化的书目数据为图书馆实现资源管理以及资源共享提供了基础。

近年来,外文连续出版物的种类日益繁多,许多新学科、交叉学科不断涌现,使外文连续出版物在发展过程中不断发生变化,常出现停刊、并入、合并、改名、频率变更等情况,因此相较于专著的编目,连续出版物的编目记录更为多样化和"动态化",需要以不断更新的编目记录来反映这些变化,从而完整、准确地反映连续出版物的相关特征。

第一节 外文连续出版物编目相关标准及规则

外文连续出版物编目的规则总体上分为两大类,即格式规则和内容规则。格式规则即各种机读目录格式,如 MARC21、UNIMARC、CNMARC 等几种常见的 MARC 格式。内容规则即描述各种编目事项的规定,如 ISBD、AACR2R、《西文文献著录条例》等。

外文连续出版物的著录格式包括卡片著录格式(ISBD 格式)和机读目录格式(CNMARC、USMARC 格式等)。国内大多数图书馆的外文连续出版物编目工作采用 USMARC。

一、格式规则

随着编目自动化的发展,机读目录,即 MARC(Machine Readable Catalogue),随着产生。机读目录是一种以代码形式和特定结构记录在存储载体上,可由某种特定机器及计算机阅读、控制、处理和编辑输入的目录格式。

20 世纪中叶,计算机技术迅猛发展并日益普及,相继出现了 MACR1、USMARC 多种机读目录,从 20 世纪 70 年代至今,大约已有 20 多种 MARC。其中,美国国会图书馆率先开始机读目录的探索,提出了著名的"马尔克计划",1966 年研制了机读目录的初步格式,即 MARC1。1968 年,英美两国开展合作,进行 MARC2 计划,其研制出的 MARC2 是目前使用的各种机读目录格式的母本。

MARC2 的推出,很快受到各参与馆的欢迎和认可,由于是美国国会图书馆牵头制定,因此称之为 LCMARC。随着国会图书馆机读目录的增长,利用 MARC 编目的资料类型不断扩展,语种也不仅局限于英语。1983 年,LCMARC 在全美国范围内得以普遍推广,更名为 US-MARC。

USMARC 设计之初只供图书编目实用,后来又为六种不同资料类型的出版物开发出相应的 MARC 格式,即连续出版物、档案与手稿、计算机文档、测绘资料、乐谱和可视资料。

1994 年,英、美、加三国的国家图书馆开始对各自的机读格式进行整合协调,旨在推出一个能满足英语国家编目需求的统一机读格式,即 MARC21 Format For Bibliographic Data,这是当今美国和加拿大等国普遍采用的 MARC 格式。MARC21 的名称表明,这是一种面向 21 世纪的适应网络时代的通用开放的机读目录格式。该格式共分为五类,即书目数据格式(MARC21 Format for Bibliographic Data)、规范数据格式(MARC21 Format for Authority Data)、馆藏数据格式(MARC21 Format for Holding Data)、分类数据格式(MARC21 Format for Classification Data)以及社区信息格式(Community Information Data)。

此外,为了方便国际合作,国际图联于 1977 年出版了《Universal MARC Format》,简称 UNIMARC 格式,适用于图书和连续出版物,对于非文字的资料,如影片、地图、录音带等提供了暂定的字段和数据单元。我国的 CNMARC 是 UNIMARC 的衍生,是在 UNIMARC 基础上添加本地所需要的特定字段编制而成的。目前我国多数图书馆采用 UNIMARC 或 CNMARC 为中文文献编目。

二、内容规则

1.《国际标准书目著录》

《国际标准书目著录》(International Standard Bibliographic Description,即 ISBD)是国际图联于 1971 年主持修订的一套关于文献著录的国际标准,ISBD 的最初目的是为世界范围内的描述性编目做出一致的规定,帮助国家书目机构间、图书馆界和其他信息机构间书目记录的国际交换。ISBD 规定了书目记录所包括的著录单元、这些著录单元的先后顺序以及分隔各著录单元的标点符号。其目的在于:不同来源的数据可相互交换,一个国家生产的数据能够很容易地被其他国家的图书馆目录或其他书目所接受;跨越语言障碍对记录进行解释,使某一种语言的记录能够被其他语言的使用者所理解;加强与其他内容标准间的互操作。由于 ISBD 符合国际图书馆界统一文献著录的需求,迄今为止已被译成二十余种语言,ISBD 中文版于 2008 年问世。ISBD(S)(连续出版物)第一标准版 1977 年公布,1987 年推出修订版。后修订为 ISBD(CR)。

2.《英美编目规则》

1961 年在巴黎召开的"国际编目原则会议",53 个国家和地区的代表及 12 个国际组织参加了会议,制定并通过了包括 12 条 55 款的"原则声明",又称"巴黎原则"。为了贯彻巴黎原则,英、美、加三国联合编著编目规则,1967 年《英美编目规则》(*Anglo-American Cataloging Rules*,AACR)出版,即 AACR1。由于英美两国对巴黎原则的理解与解释不一,AACR1 存在英国版和北美版两个版本。

1974 年,英美编目规则修订联合指导委员会,为协调 AACR1 的英国版和北美版,在不改变其结构和原则的前提下,将 ISBD 融合进来。1978 年 AACR2 正式出版,由美国国会图书馆、加拿大国家图书馆、英国图书馆、澳大利亚国家图书馆采用,并先后被译成多种语言版本。

AACR2 历经了多次修订,采用了 FRBR 的思想和术语,定名为 RDA(Resource Description and Access),即资源描述与检索。

3.《西文文献著录条例》

1985 年 8 月中国图书馆学会组织编写的《西文文献著录条例》主要依据 AACR2 及相关的国际标准,并结合我国西文文献编目的实际需要,"试图既能满足手工记录的需要,又能照顾到自动化的发展"。它在规范西文文献著录方面发挥了极其重要的作用,使中国西文文献的著录与国际接轨,为共享西文文献书目数据奠定了基础。

《西文文献著录条例(修订扩大版)》由中国图书馆学会组织的修订组进行修订工作。2002 年 4 月完成了"征求意见稿",2003 年 7 月出版。修订稿的内容完全遵照 ISBD 和 AACR 2 1998 Rev. 和 AACR2R-93 的原则,《西文文献著录条例(修订扩大版)》基本上可以满足当前从事西文文献编目、著录工作人员的要求,该版本对连续性资源内容进行了扩充。

第二节　外文连续出版物编目流程

连续出版物著录,简言之,是对连续出版物的说明和描述,目的是为了让读者了解该文献的特征,使读者了解该刊物的来龙去脉,节约读者的时间,便于读者的查找与索取。

外文连续出版物的编目包含给索取号、著录、分类、分配馆藏地等内容。在传统的手工编目时代还包括目录卡片的组织。随着机读目录的出现,现在大多数图书馆对连续出版物的编目仅为计算机编目,省缺了卡片工序(打卡片、油印、排片等工作)。本节重点介绍外文连续出版物的著录和分类,馆藏部分的描述详见本章第三节内容。

一、创建新记录的判断

创建新记录是指为在编资源创建一条新的书目记录,它是编目的第一步。判断是否需要创建新记录是编目策略的重要组成部分。基于连续出版物的特点及出版信息,编目员通常根据以下几点判定是否需要建立新的记录:

1. 正题名变化

当连续出版物的正题名发生变化且该变化为"主要变化",则应创建新的记录。RDA 中将下列变化视为正题名的主要变化:

①正题名中前五个词发生变化(如起首为冠词,则为前六个词),其中排除 RDA 规定的属于"次要变化"的 9 种情况:

a. 正题名中某个词的表现形式发生变化,如缩略词变为全拼;阿拉伯数字变为罗马数字等;

b. 题名中冠词、介词或连接词发生变化;

c. 题名中涉及同一团体的名称的变化;

d. 正题名中标点符号的变化;

e. 多个并列正题名顺序的变化;

f. 正题名中将题名与编号相连接的词发生变化;

g. 不同卷期上出现的固定的两个或两个以上正题名;

h. 不影响主题内容的变化;

i. 正题名中说明资源类型的词发生变化。

②正题名中前五个字/词发生变化以至于正题名的含义或学科发生变化,如:

The best bed & breakfast in the world→The best bed and breakfast in England, Scotland, & Wales

World meetings. Social & behavioral sciences, education & management → World meetings. Social & behavioral sciences, human services & management

③正题名中包含的团体名称发生变化,如:

Reports of the Institute of High Speed Mechanics, Tohoku University →Reports of the Institute of Fluid Science, Tohoku University

2. 连续出版物发行方式变化

发行方式是指反映资源以一个还是多个部分发行、更新方式以及计划终止出版情况。如果连续出版物变为多个部分专著或集成性资源,或者多个部分专著、集成性资源变为连续出版物,则需创建新的记录。

3. 连续出版物载体类型、媒介类型变化

载体类型是指浏览、播放、运行资源内容所需要设备的类型,反映存储媒介格式和载体装置的分类。比如印刷版变为电子版、CD 版变为网上资源,则需创建新的记录。

4. 连续出版物责任者变化

如果连续出版物的责任者发生变化,比如新的法人团体、个人和家族,该变化使连续出版物作为作品的识别也发生变化,则需创建新的记录。

如果出现以上主要变化,应该"关闭"先前记录,创建新的记录。

二、编目

1. 著录

著录是根据一定的规则和标准,对信息资源的形式特征和部分内容特征进行描述并给予记录的过程,继而形成一条关于信息资源的书目数据记录。书目数据记录由若干信息描述项组成,每一个信息描述项都是该信息资源的一组特征。著录的显著特点就是"客观描述"。外文连续出版物编目遵循的著录标准是《国际标准书目著录》(ISBD)以及《英美编目条例(第 2 修订版)》(AACR2R)。

(1)著录依据

外文连续出版物著录应依据本题名下的首卷首期著录,如果未能获得首卷首期可按能获得的最早一期进行著录,著录所依据的卷期应在附注项中说明(500 字段,588 字段)。如果连续出版物发生更名,则应根据更名后的第一期或最早一期为著录依据。各著录项及著录依据见表4-1。

表4-1　外文连续出版物著录项与著录依据一览表

著录项目		著录依据
内容形式和媒介类型项		任何来源
题名与责任说明项		第一期或最早发行的一期或部分
版本项		第一期或最早发行的一期或部分
编号项		每种标识系统的第一期或最后一期或部分
出版发行项	出版发行地	第一期或最早发行的一期或部分
	出版发行者	第一期或最早发行的一期或部分
	出版发行日期	第一期和最后一期或部分
载体形态项		所有卷期或部分
丛刊项		所有卷期或部分
附注项		所有卷期或部分、任何来源
标准号与获得方式		所有卷期或部分、任何来源

（2）主要信息源

主要信息源是书目著录的首选来源，它优先于任何其他来源。连续出版物的主要信息源通常为题名页或代题名页。通常依下列优先顺序选择信息源：

a.题名页或代题名页，代题名页的优先顺序为：封面页、标题页、报头、版权页、书末出版说明页等；

b.出版物的其他部分：前言、目次、正文、附录等；

c.出版物以外的其他来源：附件（例如散页印刷品、说明资料）、其他出版的资源描述材料、容器、其他来源（例如，介绍该资源的参考源）。

外文连续出版物著录规定信息源见表4-2。

表4-2　外文连续出版物著录规定信息源一览表

著录项目	规定信息源
内容形式和媒介类型项	任何来源
题名与责任说明项	题名页或代题名页
版本项	题名页或代题名页、其他正文前书页、出版说明
文献特殊细节项(编号项)	整个出版物
出版发行项	整个出版物
载体形态项	整个出版物
丛刊项	丛刊题名页、分析题名页、封面、文首页、标头、编辑说明页、书末出版说明、其他书页
附注项	任何来源
标准编号与获得方式	任何来源

（3）著录用语言

题名与责任说明项、版本项、文献特殊细节项、出版/发行项和丛编项，一般采用文献本身所用语言如实转录。

载体形态项、附注项和标准号与获得方式项用英文著录，但附注中的引用文字(如题名等)，仍按文献语种转录。

每个著录项目首词的首字母、某些著录单元(如并列题名、分辑题名等)首词的首字母应大写，其他大小写按相应语言文字的大小写语法规则处理。

（4）著录原则

外文连续出版物一般采用集中著录的原则(将一种连续出版物或多卷书作为一个整体，在一条书目记录中集中反映各个卷期内容)，也可根据具体情况(如有独立检索意义且题名在主要信息源上处于显著位置的，或根据本馆的需求)而采用分散著录的方法(将每一卷册单独著录)。

2. MARC21 书目记录结构

（1）常用术语和定义

①MARC 记录（记录）：作为一个单位来处理的数据和字的集合。

②检索点:MARC记录中用于检索文献数据的元素,通常包括文献的著者、题名、主题及各种代码等。

③字段:由字段标识符所标识的被定义的特定字符串,可包含一个或多个子字段。

④字段标识符(字段号):用于标识字段的一组三位数字符号。

⑤字段指示符:为字段内容、字段与字段之间的联系以及处理数据提供所需要的附加信息。字段指示符为两位字符组成,称为第一指示符和第二指示符。

⑥子字段:字段内所定义的数据单位。

⑦子字段标识符(子字段代码):由2个字符位组成,第1位为专用符号,第2位由字母或数字组成。

⑧数据:MARC记录中的最小单元,它是数字、字母与符号的集合。

⑨可变长字段:书目记录中的数据由若干个可变长字段组成,每个字段用三个字符的数字标识。可变长字段包括可变长控制字段和可变长数据字段。可变长控制字段以00X为字段标识符,字段无指示符和子字段代码。可变长数据字段由2个指示符、占2个字符位的子字段代码和长度不固定的子字段数据元素组成。

⑩控制子字段:用于将字段与特定机构进行连接或将字段与字段进行连接。

(2)MARC书目记录的结构

①头标区:定义和处理记录的参数。记录头标区位于每个记录的开头,总长度为24个字符位(00-23),其数据元素由数字和字母代码组成,提供对记录进行处理时所需的参数。必备字段,不可重复。头标不包含字段标识符、字段指示符和子字段代码。

②目次区:包含字段标识符、字段起始位置以及每个字段的长度。

③可变长字段:包含一系列按照字符位置识别的数元素。字段中无指示符和字段代码,如008字段。

④字段块

MARC21 字段块划分如下：

- 0XX：控制字段
- 1XX：主款目标目字段
- 20X – 24X：题名字段
- 25X – 29X：版本、出版说明字段
- 3XX：载体形态项等字段
- 4XX：丛编说明字段
- 5XX：附注字段
- 6XX：主题检索字段
- 700 – 75X：附加款目字段
- 76X – 79X：连接款目字段
- 80X – 830：丛编附加款目
- 841 – 88X：馆藏、电子资源定位与检索字段
- 9XX：自定义字段

（3）MARC21 各字段和子字段著录要点（连续出版物）

①记录头标区（LDR）

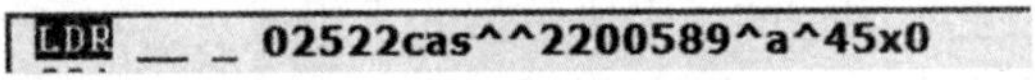

LDR __ _ _ 02522cas^^2200589^a^45x0

图 4 – 1　头标区示意图

　　头标是每条记录必备的字段,位于记录的开头,共 24 个字符,每一数据元素应填写在其固定的字符位置上,包含处理记录时可能需要的有关记录的一般性信息。其中,在外文连续出版物的编目过程中,需要由编目员输入的字符位为 05、06、07、17、18,其他字符位由计算机自动生成或在连续出版物的编目过程中很少涉及。其中:

　　a.原始编目时,头标区中的头标区中的 05、06、07、17、18 字符位是确定的,分别给每个字母加上引号;

　　b.套录编目时,必须根据文献对源数据做审核、编辑和修改,以生成符合本地标准的书目记录。

头标区各字符位的结构为：

- 字符位置 0－04：记录长度，由计算机生成。占 5 个字符位置，如图 4－1 中"02522"。

- 字符位置 05：记录状态，由编目员根据编目状态录入。代码如下：

　　　　a＝由简编升级的记录

　　　　c＝修改过的记录

　　　　d＝删除的记录

　　　　n＝新记录

　　　　p＝不完整的预编记录

其中，"a"与"p"与头标 17 字符位"编目级别"代码相关。"a"用于提高低编目级别的书目记录，"p"用于修改预编记录。

- 字符位置 06：记录类型，由编目员根据文献类型录入。选取代码应按被编目的资料的类型，而不随其附属品，普通的印刷型连续出版物选择代码"a"。通常有下列记录类型：

　　　　a＝印刷型文字资料

　　　　c＝印刷型乐谱

　　　　d＝手稿型乐谱

　　　　f＝手稿型测绘资料

　　　　o＝多载体配套资料

　　　　p＝混合型资料(包含档案和手稿)

　　　　t＝手稿型文字资料

- 字符位置 07：书目级别，由编目员根据文献书目级别录入。连续出版物的书目级别为"s"，该字符位代码为：

　　　　a－专著分析级

　　　　#＝连续出版物分析级

　　　　c＝合集

    d＝子集

    i＝集成性资源

    m＝专著

    s＝连续出版物

    c＝合集

- 字符位置08：层次等级代码。

    该代码表示本记录以层次性的关系与其他记录相连，并表明它在层次中的相对位置。如果本字符位置填写"0""1"或"2"，则表明以层次关系相连的其他记录已在数据库中。如果数据库不做记录层次的连接，则该代码取值"#"。

    #＝层次关系不明

    0＝无层次关系

    1＝最高层记录

    2＝最高层次以下的所有层次的记录

- 字符位置09：未定义填写"#"。
- 字符位置10：指示符长度，填写"2"。
- 字符位置11：子字段标识符长度，填写"2"。
- 字符位置12－16：占五个字符位，用十进制数表示，它等于头标区和目次区的字符综述。右边对齐，不足五位时左边填零。
- 字符位置17：为编目等级，其中，采访简编记录为级别"5"，采访阶段从外来数据源下载的完全级记录也属于级别"5"；依据规范的卡片目录回溯的记录为级别"1"；依据文献实体回溯的记录为级别"#"。该字符位的代码为：

    #＝完全级

    1＝完全级（未核实文献实体，通常根据编目卡片制成机读记录）

    2＝次完全级（未核实文献实体）

    3＝简编级

    4＝核心级

5 = 部分级

7 = 最简级

8 = 预编级

u = 级别不明

z = 不适用

● 字符位置 18：著录标准。多为 AACR2 以上版本，如果著录标准为 AACR2，则著录"a"。其中：

\# = 非 ISBD 标准

a = AACR2

i = ISBD

‖ = 标准不详

● 字符位置 19：未定义，填写"#"。

● 字符位置 20 – 23：地址目次项结构。占四个字符位置，填写"45#0"。

②00X 可变长控制字段

该区域包括 001、003、005、006、007、008 控制字段。控制字段无指示符和子字段代码。

● 001 字段：记录控制号。是 MARC 记录的标识号，具有唯一性。由编制、使用、发行记录的机构设置，由系统自动生成。

● 005 字段：记录处理时间标识。由系统自动生成，呈现最后一次修改记录的日期和时间。固定长 16 位，形式为：YYYYMMDDH-HMMSS. T，例如图 4 – 3 所示：20130827100805.0。

● 008 字段：定长数据元素（Fixed Data）

008 字段以代码形式反映编目文献的总体特征，是 MARC 记录的必备字段。该字段含 40 个字符位置（00 – 39），其中 18 – 34 字符位因不同记录类型而各不相同。编目员在对 008 字段进行编辑时，需要按 Ctrl + F 打开该字段。连续出版物的 008 字段字符位表：

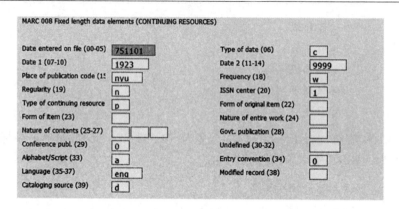

图4－2　008字段字符位表示意图

008字段的各字符位说明如下：

00－05字符位：入档日期。该字符位展现了编制记录的日期（YYMMDD），套录记录保留原日期；原编记录输入编目日期。

06字符位：出版日期类型。正在继续出版的连续出版物，一般选用"c"，停刊选用"d"。

07－10、11－14字符位：出版日期。分别为连续出版物的出版起始日期，正在继续出版的连续出版物，11－14字符日期为"9999"，停刊为终止年份。06、07－10、11－14字符位的对应关系如表4－3。

表4－3　008字段部分字符位代码表

06字符位		07－10字符位	11－14字符位
代码	定义	Date1	Date2
#	无日期或公元前	空	空
c	现刊或出版中	起始年份	9999
d	停刊、停止出版	起始年份	终止年份

若连续出版物的起止年份不明，可给出接近的三位或两位的年份，不明部分用"u"代码，如201u、20uu、1uuu。普通连续出版物印刷品的重印或复印件，用原件的起止日期。

008 字段中的日期字符位能够部分地反映连续出版物的出版年信息,应与附注字段 500 相对应。例如:

008 字段:Date1:1998 Date2:9999

附注说明:500## ＄description based on:Vol. 2,no. 2（Mar,1998）

15－17 字符位:出版国代码。该代码取自国家代码表(附录)。

18 字符位:出版频率。不同频率的代码参见 008 字段的字段信息。

19 字符位:发行规律代码。若连续出版物有明确的出版周期,发行规律代码用"r",若连续出版物频率多数是定期的,有少数不定期的情况,发行规律代码用"n",若完全不定期,周期不规律,则用代码"x"。

20 字符位:ISSN 中心,多为"1"

21 字符位:连续出版物类型,连续出版物的代码为"p"。其他代码为:

　　　　# = 其他

　　　　p = 期刊

　　　　m = 专著丛编

　　　　n = 报纸

　　　　l = 不断更新的活页

22 字符位:原版文献载体形态。连续出版物同时以多种载体类型出版时,原版文献的载体类型用 22 字符位表示。

23 字符位:编目文献载体类型。连续出版物是复制件或以其他载体形式出现时用 23 字符位,最常见的是用于缩微复制件或普通印刷本的重印本。一版情况下,印刷型连续性资源用"#"表示。

24 字符位:整体内容特征。连续出版物在整体上属一种文献资料类型的,选用 24 字符位一个代码表示。

25－27 字符位:内容特征。连续出版物有两种以上资料类型特征的,选用 25 – 27 字符位。

28 字符位:政府出版物。

29 字符位:会议出版物。会议出版物录入"1",非会议出版物录入"0"。

30 – 32 字符位:未定义。

33 字符位:题名原文种代码。文献的原文种体系用 33 字符位表示,根据识别题名的原文种录入。

34 字符位:款目规则。后继款目为 0,最新款目为 1,集成款目(不断更新的活页)为 2。

35 – 37 字符位:语种代码。该代码取自世界语种代码表。其中,单语种出版物从世界语种代码表中查取代表该语种的三个字母组成的语种代码;多语种出版物在 35 – 37 字符位录入主要语种代码,然后将所有语种按语种代码字母顺序输入 041 字段;如果某连续出版物中有超过 6 种语种,主要语种无法确定时,用代码"mul"。

38 字符位:修改记录代码。该字符位表示记录是否被修改过。这里的修改指的是原来非罗马化的数据是否被罗马化。

39 字符位:编目来源。套录编目时保留其代码,原始编目时选用"d"。

③01X – 08X 号码和代码字段

```
001 _ _ 000759745
005 _ _ 20130827100805.0
008 _ _ 751101c19239999nyuwn1p^^^^^^^0^^^a0eng^d
022 0 a 0040-781X
        l 2169-1665
030 _ _ a TYMEA9
040 _ _ a CcBjTSG
        c CcBjTSG
082 _ _ a 051
092 _ _ b 300B0004
096 _ _ a D5
        v 3
```

图 4 – 3　标识块示意图

- 010 字段:美国国会图书馆控制号。该字段包含美国国会图书馆(LC)分配给 MARC 21 记录的控制号,简称 LC 控制号。套录数据时,应保留 010 字段,原始编目时,若已知 LC 控制号,则在 010 字段录入。

- 022 字段:国际标准连续出版物号(ISSN)。ISSN 由二组四位数字中间加一连字符组成,例如 0040 - 781X。通常将连续出版物的 ISSN 记录在 $a 字段,如果有电子版的 ISSN 号记录在 $l;如果某连续出版物的 ISSN 印刷有误,将有误的 ISSN 记录在 $y 子字段;如果某连续出版物的 ISSN 号变更,那么废除的 ISSN 记录在 $z 子字段。

- 040 字段:编日源。$a 为原始编日机构代码,不可重复;$b 为编目语种(仅当编目语种与正文语种不同时启用);$c 为转录机构代码,不可重复;$d 为修改机构代码,在套录编目中如果对记录中的主要标目、著录格式等作了较大的修改,使用 $d。套录编目时一般保留该字段,原始编目时需著录编目机构代码和转录机构代码($a 和 $c)。

- 082 字段:杜威十进制号,简称 DDC。套录编目时应保留该字段。

④09X 自定义字段

- 092 字段:订购号。本字段记录我国书刊发行部门分配的订购号或如中国图书进出口总公司分配给外文原版期刊的原版刊号。

- 096 字段:分类号。不同的图书馆可采用不同的分类号。对采用中图法的成员馆,096 字段录入《中国图书馆分类号》简称 CLC。$a 为中图分类号,$2 为所使用分类法的版次。

⑤1XX 字段:主要款目字段。

- 100 字段:个人名称主要款目。AACR2 对连续出版物用个人名称作为主要款目有较大限制,因此本字段不常用,除非个人对全部卷期的知识内容负有责任。

- 130 字段:统一题名。常用子字段 $a 记录统一题名,$p 分册/分辑名,$l 语种。由于本字段不著录首冠词,所以第一指示符值总为 0,第二指示符值未定义。

⑥21X—24X 题名与题名有关的字段

```
210  0   a  Time
         b  (Chic. Ill.)
222  0   a  Time
         b  (Chicago, Ill.)
245  10  a  Time:
         b  the weekly news-magazine.
         k  periodical
246  1   i  Popularly known as:
         a  Time magazine
260      a  [New York, etc.,
         b  Time Inc.]
```

图 4 – 4　著录信息块示意图

● 210 字段:缩略题名。原编时若无此信息可不做 210 字段。第一指示符值:0 为无题名附加款目,1 为有题名附加款目;第二指示符:#缩略题名,0 为其他缩略题名。常用子字段为 $a 缩略题名, $b 限定信息。

● 222 字段:识别题名。识别题名是随同 ISSN 号一起分配给连续出版物的具有唯一性的题名。常用子字段为: $a 识别题名, $b 限定信息。

● 240 字段:统一题名。当主要款目标目著录在 100、110 或 111 字段时,统一题名著录在 240 字段。常用子字段: $a 统一题名, $n 分册/分辑号, $p 分册/分辑名, $1 语种。

● 245 字段:题名与责任说明。本字段著录正题名、文献类型标识、题名其余部分和责任说明。第一指示符:0 表示无题名附加款目,1 表示有题名附加款目。常用子字段: $a 题名, $n 分册/分辑号, $p 分册/分辑名, $h 载体, $b 题名其余部分, $c 责任说明。

$a 正题名包括题名和交替题名,若 245 字段题名含有[sic]或[i.e…]的订正插注时,需在 246 字段里著录为订正题名的附加款目,例如:

245 00　$aAfrican seminar series[sic]

246 3# $aAfrican seminar series

$n 通常由数字、字母、词或他们的组合来表示；

$p 包含分册/分辑名、增刊名和副丛刊名；

$h 印刷型连续出版物不必著录文献类型标识；

$b 用于题名的其余部分，即其他题名信息、并列题名；

$c 责任说明，是 245 字段最后著录的子字段，不可重复。

连续出版物的正题名发生重大改变时，需要新建记录，如发生微小改变，则不需要新建记录，当无法确定正题名的变化是否为主要变化时，可在附注中说明。

● 246 字段：题名的变异形式。该字段用于连续出版物不同分辑上的题名形式、部分正题名或题名的交替形式，仅在与 245 字段的题名不同时才著录。

⑦25X－29X：版本与出版项

● 250 字段：版本项。本字段著录连续出版物的版本说明，包括地区或地方版本（如 USA ed.）、专类或专业版本（如 Trainee ed.）、特种版式或特种载体版本（Library ed.）、不同语种版本（如 English ed.）、与内容频率等有关的普通版本（如 Weekend ed.）。

连续出版物后续卷期的版本信息若有增加、剔除或改变，不必做新的著录，只需在附注中注明。

● 260 字段：出版发行项。本字段著录出版地、出版者/发行者、出版日期等，必要时还著录制造地、制造者、制造日期等。

若有两个出版地，则录入两个 $a，中间用分号隔开，若出版地不明，用"[S.l]"表示。还要注意出版地、出版年与 008 字段的对应关系，两者相一致。

⑧3XX 字段：载体形态等项

这一字段区著录连续出版物的物理形态特征、出版频率等信息。

```
300 __  a v.:
        b ill. (incl. ports.);
        c 28 cm.
310 __  a Weekly (except two issues combined for one week in January, May, July and
          August),
        b <July 8/July 15, 2013->
321 __  a Weekly (except one week a year),
        b <Dec. 26, 1977->
321 __  a Weekly,
        b <Apr. 15, 1985->
321 __  a Weekly with one extra issue in Oct.,
        b <Oct. 8, 1990->
362 0   a Vol. 1- Mar. 3, 1923-
```

图 4 – 5　载体形态等项示意图

- 300 字段：载体形态项。本字段著录连续出版物卷期数量、物质形态特征和其他细节以及附件的名称等。常用子字段为：$a 连续出版物卷期标识，$b 其他载体细节，$c 尺寸，$e 附件。其中：

$a 当连续出版物还在继续出版，用文献单位标识"v."表示；当连续出版物停止出版，"v."前用阿拉伯数字表示总期数。

$b 在著录两种以上插图时，用"ill."著录。

$c 著录文献高度时，以 cm 为单位，不足 1cm 时以 1cm 来计。当出版物宽度大于高度时用高度×宽度表示。

$e 著录任何正规附件及其有关的载体形态说明，仅当附件说明十分重要时采用，连续出版物一般不多用。

- 310 字段：当前出版频率。常用子字段为：$a 当前出版频率；$b 当前出版日期。其中：

$a 著录当前出版频率，只要已知连续出版物的当前出版频率就要著录。外文连续出版物记录出版周期通常使用的词汇有：Daily（日刊）、Semiweekly（半周刊）、Weekly（周刊）、Biweekly（双周刊）、Semi-monthly（半月刊）、Monthly（月刊）、Bimonthly（双月刊）、Quarterly（季刊）、Semiannual（半年刊）、Annual（年刊）、Biennial（双年刊）、Triennial（三年刊）；也可以根据出版说明中的描述记录 3 times a year、4 issues yearly、Monthly except Jul. and Aug. 等。当出版频率不确定时，记录 Frequency Unknown；如果出版频率变化过于频繁，则记录 Frequency Varies。

$b 著录当前出版日期，只要已知连续出版物的当前出版日期就要著录。

● 321 字段:先前出版频率。本字段著录先前出版频率,当含有多个先前出版频率时,321 字段可重复。常用子字段为:$a 先前出版频率;$b 先前出版日期。其中:

$a 若有三个以上的先前出版频率,可用"Frequency varies"来表示。

$b 连续出版物的先前出版日期必须在 321 字段著录,该字段末尾不用终止性符号。

若有两个以上 321 字段,按年代先后顺序著录,如:

321 ## $aBimonthly, $b1981 – 1985

321 ## $aMonthly, $b1986 1990

● 362 字段:编号项

本字段著录连续出版物的起始终止卷期标识和/或出版物的起止年月标识。第一指示符为 0 标识所著录的日期取自连续出版物的起始/终止卷期,第一指示符为 1 表示所著录的日期是通过其他卷期获得的。常用子字段为:$a 日期和卷期标识;$z 信息来源。

⑨5XX 字段:附注字段

对于其他字段无法描述的有用信息,可以在附注字段著录。附注字段为可选字段,可重复使用,一般遵循以下规定:

a.附注是可选的,但需是有用信息;

b.附注应该简明扼要;

c.附注可取自任何卷期的任何来源。如果信息时取自某一或某些特殊的卷期,则应注明该卷期号或出版日期;

d.附注用英语录入,涉及名称、题名、卷期标识应依期刊上所出现的语种录入。

● 500 字段:一般性附注

本字段主要记录未定义在 501 – 588 专指性附注字段内的非格式化信息,主要适用以下一些情况:

与题名或题名页有关:题名来源附注;题名或副题名变异附注;并

列题名与其他题名信息附注；

与责任说明、版本或出版发行项的附注：未在责任说明项中出现的较为重要的责任说明信息可在附注中录入；

其他字段不能著录的重要附注；

在某些卷期伴有附件时，可在 500 字段中说明；

当不是依据首卷首期著录时，必须加"Description based on："附注。

- 504 字段：书目等附注

本字段记录连续出版物的重要书目信息。

- 506 字段：检索限定附注

本字段记录限制连续出版物检索的信息。对已出版的刊物，记录限制发行的信息。例如：

506 ## $aFor official use.

506 ## $aFor restricted circulation-not for publication

- 515 字段：编号特点附注

本字段著录编号或出版物形式上不规律或有特点的非格式化附注，也可用于报告年代范围、分辑出版物或修订版的说明。例如：

515 ## $aVols. 53 and 54 combined.

515 ## $aSuspended with v. 11.

- 550 字段：发行机构附注

本字段著录与连续出版物当前和先前发行机构有关的信息，在正题名和编辑机构未变，而发行机构改变的情况下使用，通常用于 710 附加款目字段著录发行机构。在下列情况下，需要给出 550 附注：

未包括在责任说明项和出版发行项内的当前发行机构；

联合发行机构；

先前或后来的发行机构；

主办机构；

与出版物有关，需著录在附加款目的其他机构；

社团、政府机构刊物。

● 555 字段:累积索引/检索工具附注

本字段著录关于连续出版物的累积索引信息。应尽量给出索引的类型、收录的卷期/日期范围信息。

● 580 字段:连接款目附注

本字段用来说明在连接款目(765 – 787 字段)不能准确表达的关系。

⑩6XX 字段:主题字段

● 600 字段:主题附加 – 个人名称

用于记录作为主题用的个人名称及其附加信息,其规范要求与100 字段相同。

● 610 字段:主题附加 – 团体名称

用于记录作为主题用的团体名称及其他附加信息,其规范要求与110 字段相同。

● 611 字段:主题附加 – 会议名称

用于记录作为主题用的会议名称及其附加信息,其规范要求与111 字段相同。

● 630 字段:主题附加 – 统一名称

用于记录作为主题用的统一题名,其规范要求与130 字段相同。

● 650 字段:主题附加 – 论题性标目

650 字段是最常用的主题字段。

● 651 字段:主题附加 – 地理名称

用于记录作为主题用的地理名称(包括行政管辖区域名称和自然地理名称)。

⑪70X – 75X 附加款目字段

● 700 字段:附加款目 – 个人名称

用于需做附加款目检索的个人名称,通常是著录连续出版物的编者或是负责发行人。其规范要求与100 字段相同。

● 710 字段:附加款目 – 团体名称

用于需做附加款目检索的团体名称,其规范要求与 110 字段相同。

● 711 字段：附加款目－会议名称

用于需做附加款目的会议名称，其规范要求与 111 字段相同。

⑫76X－79X 连接款目字段

连接款目字段记录在编文献及相关文献的关系，包括先前款目、后继款目、其他载体形态、版本、补编/特辑、译著款目等等。这些相关记录的关系包括以下几大类关系：

年代关系：即连续出版物的时间变迁关系，例如继承或更名，合并、分裂、吸收等。年代关系著录在 780、785 字段。

平行关系：同一作品的不同语种、形式和载体之间的关系。其中，不同版本，包括语言版和复制版著录在 775 字段；译著/原著著录在 765/767 字段；其他载体形态著录在 775、776 字段；相关出版物著录在 787 字段；合并出版著录在 777 字段。

层次关系：连续出版物的整体和它的构成部分。例如主丛刊连副丛刊。

● 775 字段：其他版本款目。775 字段用来连接著录实体的其他版本著作。包括不同语种版本、其他版本和重印本等。

对于外文连续出版物常见的地区版、专业版、特殊版本或载体版本等，无论是否在 250 字段给出版本说明，都必须在相关版本之间作 775 连接。例如：

130 0# $aAmerican BMXer(Newsstand ed.)

245 00 $aAmerican BMXer.

240 ## $aNewsstand ed.

775 1# $tAmerican BMXer(Membership ed.) $x8750－5827

● 776 字段：其他载体形态款目

776 字段用来连接统一连续出版物的多种载体形态记录。它主要用于连续出版物的印刷型、缩微形式以及电子形式出版的记录。若有其他载体信息，本字段可用于与该信息有关的每一条记录，如印刷型、缩微形式、电子形式等。

● 780/785 字段：先前款目/后继款目

780 和 785 字段分别用来连接本著录实体先前出版物款目和后续出版物款目。两个字段配合使用。对于先前款目的记录，应在 785 字段著录后继款目信息，反之，对于后继款目的记录，需在 780 字段记录先前款目信息。780 和 785 字段指示符号与导语等使用情况如下：

表 4－4　780 字段指示符与导语使用情况表

780 先前款目（Preceeding）	第一指示符值	第二指示符值	自动生成导语
继承	0	0	Continues
部分继承	0	1	Continues in part
替代	0	2	Supersedes
部分替代	0	3	Supersedes in part
由……和……合并而成	1	4	
吸收	0	5	Absorbed
部分吸收	0	6	Absorbed in part
分自	0	7	Separated from

表 4－5　785 字段指示符与导语使用情况表

785 后继款目（Succeeding）	第一指示符值	第二指示符值	自动生成导语
由……继承	0	0	Continued by：
由……部分继承	0	1	Continued in part by：
由……替代	0	2	Superseded by：
由……部分替代	0	3	Superseded in part by：
并入	0	4	Absorbed by：
部分并入	0	5	Absorbed in part by：
分成……和……	1	6	
与……合并成……	1	7	
改回	0	8	Change back to

继承/由……继承(Continues/Continued by)

连续出版物 A 改名为连续出版物 B,A 不再出版,B 可能延续 A 的卷期,也可能重新编码,在连续出版物 A 的记录中,启用 785 字段,反映连续出版物 B 与它的继承关系。

例如:*Air & space* 改名为 *Air & space Smithsonian* 继续出版。

则 *Air & space* 编目记录为:

245 00 $aAir & space/

$cNational Air & Space Museum, Smithsonian Institution.

785 00 $tAir & space Smithsonian

$x0886 - 2257

新记录 *Air & space Smithsonian* 的记录为:

245 00 $aAir & space Smithsonian.

780 00 $tAir & space

$x0193 - 8304

吸收/并入(Absorbed/Absorbed by)

连续出版物 A 和 B 原为两种不相关的独立连续出版物,连续出版物 B 成为连续出版物 A 的一部分,而 A 还保留原题名(如果连续出版物 A 的题名也发生变化,则属于"合并")。

例如:*Interavia* 和 *Flying review international including Jane's all the world's aircraft supplement*,原为两种不相关的独立刊物,后来 *Flying review international including Jane's all the world's aircraft supplement* 停止出版,并入 *Interavia*。

Interavia 著录为:

245 00 $aInteravia.

780 05 $tFlying review international including Jane's all the world's aircraft supplement

$g1971

Flying review international including Jane's all the world's aircraft

*supplement*著录为：

> 245 00 ＄aFlying review international including Jane's all the world's aircraft supplement.

> 780 04 ＄tInteravia

> ＄x0020 − 5168

⑬800 − 830 字段：丛编附加款目

用来记录与丛编著录形式不一致的丛编检索点。只有当490 字段第 1 指示符为 1 时，才使用这部分字段。如：文献上的丛编题名与规范的统一丛编题名不同时，文献上的丛编题名著录在 490 字段，统一丛编题名著录在 830 字段。

⑭856 字段：电子资源定位与检索

本字段包括电子资源定位与检索所需要的信息。其第一指示符表示检索方法，第二指示符用来说明著录实体与电子资源的关系。在印刷型连续出版物的著录中，856 字段第一指示符最常用的为 4，表示著录实体是通过 HTTP 方式来进行检索的；第二指示符最常用的为 1，表示著录实体本身并非电子资源；但其有电子版存在，最常用的子字段有 ＄u、＄3 和 ＄z。当同一电子文献可以通过不同途径或不同的 URL 地址进行检索时，可重复著录多个 856 字段，但不可重复著录多个 ＄u 子字段。

3. 标引

文献标引是根据一定的标引规则，在对信息资源内容属性进行分析的基础上，给出其信息属性标识的过程。标引主要有两种类型，即分类标引和主题标引。

（1）分类标引及规则

分类标引的依据是文献分类法，世界上著名的分类法有《美国国会图书馆分类法》（LCC）、《杜威十进分类法》（DDC）、《国际十进分类法》（UDC）等。国家图书馆外文连续出版物编目分类标引的依据是《中国图书馆分类法》（第 5 版）。

连续出版物分类是依据一定的标准和规则对每种连续出版物的学科或专业属性进行分析，给予分类标识，以便于按学科系统地组织和检索连续出版物。外文连续出版物分类是文献科学管理过程中的重要一环,是编制期刊分类目录、组织期刊分类排架的必要条件。

连续出版物分类的主要依据为《中国图书馆分类法》(简称《中图法》),部分外文期刊依据《外国报刊目录》中的分类表。

(2)主题标引及规则

主题标引是一种直接用规范化的语词作为概念标识,按字顺序列组织,并用参照系统等方法显示概念之间关系的揭示文献主题内容的方法。外文连续出版物主题标引通常的依据是《美国国会图书馆主题词表》(LCSH)。

连续出版物的主题标引,主要对出版物进行出题分析并给予主题词标识的过程。其作用是揭示和组织文献,为读者提供通过主题检索文献的途径。

连续出版物主题内容广泛,通常涵盖多学科的论述和研究内容。确认连续出版物的主题,首先应全面了解文献的内容,确定对读者有参考价值、具有检索意义的一组或若干组主题。

连续出版物的主题依据其内容可分单主题和多主题两类。连续出版物的单主题指该连续出版物的内容只有一个主题;多主题指该连续出版物的内容包括几个单主题。一般来说,主题数量不宜太多,标引一至三个主题比较适宜。

对连续出版物进行主题分析后,编目人员应依据一定的主题标引规则,通过查找主题词表,将主题概念转换为主题词。外文连续出版物主要依据《美国国会图书馆标题表》(*Library of Congress Subject Headings*,LCSH)。

第三节　外文连续出版物的馆藏数据

一、馆藏数据及其构成

馆藏信息是图书馆用户获取馆藏文献时所需要参考的重要信息。

传统图书馆的馆藏信息主要通过卡片、馆藏清单等形式承载和揭示，主要包括的内容有文献的题名、主题、排架、复本、存放地等。对于连续出版物而言，还需有年代、卷期等信息。随着机读目录的产生与发展，文献的馆藏信息也逐渐通过机读数据的形式来描述和揭示，馆藏数据信息融合在了书目数据之中，除馆藏地、排架号、复本信息、连续出版物的卷期年代等，还包含了许多其他的本地信息，如馆藏范围和历史、流通及复制限制和要求、各种相关的控制号和标准号等信息。

1. 馆藏数据与书目的关系

书目记录的功能需求（FRBR）将书目功能分为四个层次，即作品（Work）、内容表达（Expression）、载体表现（Manifestation）和单件（Item）。作品和内容表达层级属于文献的主题和名称规范层级，载体表现属于文献外部特征的描述层级，而单件则是馆藏信息的层级，它们之间的关系可以用图 4 - 6 来阐释。

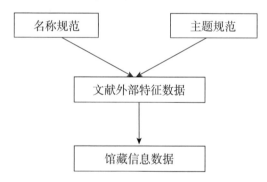

图 4 - 6　书目记录的功能需求对各层级书目信息的关系描述

2. 馆藏数据的结构层次

一般而言，馆藏数据主要包括四个方面的内容：馆藏地数据项、一般馆藏项、馆藏范围项和馆藏附注项。

（1）馆藏地数据项

馆藏地数据项主要包括收藏机构标识、分馆藏地标识、复本标识、索取号等数据信息。

收藏机构标识通常是馆藏数据中的必备元素,一般用收藏机构的机构代码表示,如 CcBjTSG(MARC 机构代码标中的中国国家图书馆的机构代码)。

分馆藏地标识一般需要与收藏机构标识一起使用;在某些收藏机构的标识体系里,分馆藏标识可能是收藏机构标识本身的一部分,例如 DLC Law Lib.(指美国国会图书馆法律馆的分馆藏标识);但对于有些机构而言,分馆藏标识可能是索取号的一部分,例如 QKJC(指国家图书馆期刊基藏书库的分馆藏标识)。

复本标识常用来记录馆藏中的一个或多个复本情况;通常,馆藏只有一个复本时复本标识缺省,当收藏机构有两个或两个以上的复本时则对每一个复本分别著录复本标识,例如 cop.2(复本2)。

索取号是反映收藏机构排架方式以及文献排架和保存位置的馆藏信息,例如4Q\TP1\005(中国国家图书馆日文期刊索取号,4Q 代表日文期刊、TP1 为该文献的中图分类、005 是中国国家图书馆收藏的TP1 类的日文期刊的种次号)。

(2)一般馆藏项

一般馆藏项主要包括单元类型标识、载体形态标识、完整性标识、采访信息和保存标识等。单元类型标识用于说明款目的类型,载体形态标识用于说明馆藏文献的载体形态,完整性标识用于揭示文献的收藏情况,采访信息标识用于揭示馆藏文献的采访状况,保存标识用于说明馆藏文献的保存政策。

(3)馆藏范围项

馆藏范围项主要包括编次、年代和特定范围等信息。编次用于表示带有连续性标识书目的馆藏范围,大多数连续性书目单元都应著录编次,例如 second edition(第二版)、Asia edition(亚洲版)。年代信息一般与连续性书目单元的编次密切相关,作为编次的附加;大多数连续出版物并没有编次信息,因此只用年代表示馆藏范围。在馆藏范围项的每一个数据元信息之后都可以有一个特定范围附注,该附注或与前面紧接着的数据有关,或与整个馆藏范围项有关,例如:v.6 ＜with index to v. 1 – 6 >（标识该卷带有 1 – 6 卷的索引）。

（4）馆藏附注项

馆藏附注项用于说明其他项中未包含的馆藏信息，如存储限定、物理状态等，例如 v. 6 incomplete（指馆藏文献中第 6 卷残破）。

二、MARC21 馆藏数据格式

MARC21 馆藏数据格式是目前国际上较为常用的极度馆藏数据格式之一，它适用于三种书目文献类型的馆藏信息，其中之一便是连续出版物。MARC21 馆藏数据格式可以提供独立式和嵌入式两种馆藏信息的著录方式。

1. 独立式

所谓独立式馆藏数据，即在书目数据以外单独制作一条馆藏数据，并通过 004 字段连接到与之相关的 MARC 书目记录。独立的 MARC21 馆藏数据格式主要包含的字段有：

LDR（头标区）

Directory（地址目次区）

001（控制号）

003（控制号 ID）

004（相关书目记录的控制号）

005（最后处理数据的日期和时间）

007（载体形态）

008（定长数据）

022（ISSN）

030（CODEN 号）

035（系统控制号）

040（记录来源）

540（使用与复制条件复制）

541（直接采访来源附注）

561（所有权与保管史）

562（复本和版本识别附注）

583（业务处理附注）

841（馆藏代码数据值）

842（文字性载体形态标识）

843（复制品附注）

844（单元名称）

845（使用与复制限制条件复注）

850（馆藏机构）

852（馆藏地）

853（标题与样式—基本书目单元）

854（标题与样式—补充资料）

855（标题与样式—索引）

856（电子资源定位与访问地址）

863（编号与年代—基本书目单元）

864（编号与年代—补充资料）

865（编号与年代—索引）

866（文字性馆藏—基本书目单元）

867（文字性馆藏—补充资料）

868（文字性馆藏—索引）

876（单册信息—基本书目单元）

877（单册信息—补充资料）

878（单册信息—索引）

880（交替图形文字表示法）

其中，必备字段为：LDR、Directory、001、004 和 852 字段。

2. 嵌入式

嵌入式馆藏数据是将馆藏信息嵌入在一条与馆藏相对应的 MARC21 书目记录下，不单独作为一条记录存在。嵌入式馆藏数据主要包含的字段有：

841（馆藏代码数据值）

843（复制品附注）

845（使用与复制限制条件复注）

852（馆藏地）

853（标题与样式—基本书目单元）

854（标题与样式—补充资料）

855（标题与样式—索引）

856（电子资源定位与访问地址）

863（编号与年代—基本书目单元）

864（编号与年代—补充资料）

865（编号与年代—索引）

866（文字性馆藏　基本书目单元）

867（文字性馆藏　补充资料）

868（文字性馆藏—索引）

876（单册信息—基本书目单元）

877（单册信息—补充资料）

878（单册信息—索引）

其中,必备字段为 852 字段。

三、排架体系与索取号

图书馆馆藏资源都需要有一个标记符号,图书馆员会根据该符号将资源进行有序整理与排架,用户也可以根据这一符号来查找或索取文献。我们将这一符号称作排架号或索取号。

图书馆馆藏的排架方法有很多,因此索取号的标识体系主要以排架方式给出。总体而言,图书馆的排架方法可以归纳为两大类,一是内容排架法,二是形式排架法。其中,内容排架法又分为分类排架、专题排架等方式;形式排架法分为字顺排架、文种排架、地区排架等方式。

1. 分类排架

分类排架法是外文连续出版物常用的排架方法,按此排架法分配的索取号又称为分类索取号。分类排架法通常先按分类号顺序排列,分类号相同,再按辅助号顺序排列,直到区分到各类文献的不同品种为止。例如,中国国家图书馆的日文期刊就采用了分类排架的方式,索取号的分配规则如下:4Q\TP1\005。其中,"4"表示日文的文种代码,"Q"表示"期刊"文献的类型,它们都属于索取号的前缀,用于更加清晰地描述馆藏文献的馆藏地位置;"TP1"是中图分类号,表示该连续出版物为"自动化基础理论"领域的文献,这是分类排架的主要参考依据;"005"是种次号,表示该连续出版物是国家图书馆馆藏的第5种"TP1"类的日文期刊,它是索取号的后缀,用于相同领域期刊的细分排架。

2. 专题排架

专题排架是按连续出版物的内容特征将某些专题范围内的文献集中排列在一起的排架方法。该方法具有较强的灵活性,通常是为了向用户推荐和宣传某些特定的资源。它是以专题陈列或专题展览的形式排架,与分类排架不同的是,它主要是将文献按横向范围集中,而分类排架更倾向于学科体系的纵向层次排序。中国国家图书馆艺术设计类外文期刊就是采用了专题排架法,它汇集了西文、日文、俄文、韩文等许多语种的与艺术设计等相关的连续出版物品种。

3. 字顺排架

字顺排架法是按照连续出版物的题名顺序排列的一种排架方式。它的排列一般按照谋职检字方法。字顺可以是字母顺序,例如英文、德文、法文、俄文等文种的字母顺序;也可以是笔画顺序,如中文的汉字排检法、日文的汉字排检法等。中国国家图书馆西文期刊便采用了字顺排架的方式,索取号的分配规则如下:H\A16\1700。其中,"H"为索取号前缀,表示排架区分号(指人文社科类期刊;科学技术类期刊则用"N"区分);"A"表示期刊首字母,"16"为顺序号;"1700"为索取号后缀,也是顺序号,增加后缀顺序号的目的是为了更好地区分首词或起首几个词相同的期刊。

4. 文种排架

文种排架法是根据馆藏连续出版物内容的语言进行排架的方法。

文种排架通常被作为一种辅助性的排架法使用。由于图书馆拥有大量的不同语言的连续出版物,如果将它们混在一起排架,既不利于文献的管理,也不利于用户的使用。因此,图书馆在馆藏布局时,通常把相同语言的连续出版物集中排架。中国国家图书馆的小语种期刊便采用了文种排架的方式,索取号的分配规则如下:51Q\TU8\001。其中,"51"表示韩文的文种代码,"Q"表示"期刊"文献的类型,它们都属于索取号的前缀,用于更加清晰地描述馆藏文献的馆藏地位置;"TU8"是中图分类号;"001"是种次号,表示该连续出版物是国家图书馆馆藏的第1种"TU8"类的韩文期刊,它是索取号的后缀,用于相同领域期刊的细分排架。

5. 地区排架

地区排架法是根据文献出版的国家或地区进行排架的方法。通常,地区排架法先根据连续出版物的出版地区进行划分,然后再辅以其他排架方法。这种排架法的优势在于便于了解本馆对某一地区出版的某类文献的收藏情况。中国国家图书馆的外文报纸便采用了文种排架的方式,索取号的分配规则如下:2B\US\0082。其中,"2"表示英文的文种代码,"B"表示"报纸"文献的类型,它们都属于索取号的前缀,用于更加清晰地描述馆藏文献的馆藏地位置;"US"是国别代码("US"指美国);"0082"是种次号,表示该报纸是国家图书馆馆藏的第82种"美国"出版的报纸,它是索取号的后缀,用于相同国别期刊的细分排架。

第五章　外文连续出版物的装订工作

第一节　外文连续出版物装订工作概述

外文连续出版物装订工作是指将单册的连续出版物按照一定的顺序和数量装订成规格统一的合订本，并在封面上进行烫字等技术加工的一系列过程。装订工作介于阅览流通和馆藏登记之间，贯穿采访、编目、记到、典藏等多个工序，涉及期刊信息校对、资源长期保存与过刊的管理利用等诸多方面，是一个既简单又重要的环节。

一、连续出版物装订工作的必要性

1. 有利于文献保护

连续出版物分为定期连续出版物和不定期连续出版物，定期连续出版物分为年刊、半年刊、季刊、月刊、周刊等。通常情况下，少数年刊和某些不定期连续出版物（包括一些特刊），在出版时就采用精装本形式，其他大都采用平装本形式。而平装本封皮都是软性纸张，很容易破碎。经过装订加固之后的硬壳封面，可以保护连续出版物的纸张不受磨损。

2. 有利于文献长期保存和管理

由于连续出版物的时效性较强，大多数图书馆通常会将新到馆的连续出版物及时送到阅览室供读者查阅。由于阅览空间有限，散本期刊又会占据较大的阅览空间，为了合理利用阅览空间，大多数图书馆一般规定连续出版物开架阅览2—3年后便转移至过刊库保存。单本期刊不便竖着存放，而且册数逐年增加，不方便管理和保存；而平放保存，又占用很大空间且不便于管理员索取和保管利用，因此过期而又需要保存的期刊都要进行加工装订之后才入库保存。装订后的期刊可以减少损坏,延长文献使用寿命,防止单本文献丢失,而且方便管理员索取和保管,并起到整洁、美观的作用。

二、外文连续出版物的装订方式①

1. 精装

指书籍装订中比较精致的制作方法,配有硬壳封面。书芯的联结有锁线、胶粘、三眼线等装订方法。精装书之所以精致,体现在对书芯、书封壳进行的各种造型加工,再经过套盒组合在一起,具有美观、耐用、易翻阅、易保存和收藏价值高的特点。

2. 平装

区别于精装的硬纸板书壳,是采用软质封皮给书芯包本。虽然书芯装订方法和造型加工的所有要求都等同于精装,但因其封面易磨损,对书芯保护差,作为保存本的外文期刊不采用这种装订方式。

3. 简装

有铁线平订装订、缝线装订,视需要可以糊封皮或者不要封皮。对于到刊时"散、薄"的期刊,或者很容易掉页的胶粘的铜版纸期刊,先行采用简装方式,再上架流通阅览。

第二节　外文连续出版物装订工作流程

外文连续出版物的装订是一项较为烦琐的工作,其工作流程②包括:整理顺号、统一下架、修改数据、填写装订单、送装订厂、加馆藏信

---

① 谈金铠. 连续出版物工作[M]. 北京:书目文献出版社(今国家图书馆出版社). 1991:158 – 163.

② 吴龙涛,叶奋生. 连续出版物工作[M]. 北京:国家图书馆出版社. 2013:241 – 250.

息、入库。整个过程时间较长,短则 3 个月,多则半年。工作人员不仅要细心、耐心,还要有高度的责任心。本节重点介绍外文期刊的装订流程,其他连续出版物的工作流程可借鉴有共性之处。

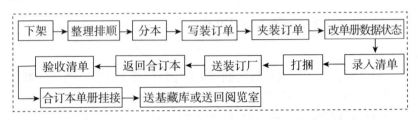

图 5 - 1　外文期刊装订流程

一、下架退刊

期刊在阅览室开架阅览 2—3 年后要进行下架退库,以便留出空间存放新刊。下架退刊一般分为顺架、催缺、下架三个步骤:

1. 顺架

顺架就是将同一种期刊按照卷、期、年代顺序进行梳理使其有序的排架方式。阅览室的期刊单册通常处于流通状态,由于读者翻阅,难免会发生放错架和散页现象,为了保证退刊质量,不致错架、漏刊,下架退刊前要全面理顺,将乱架刊、散页刊和破损刊归回原架位。

2. 催缺

催缺就是将缺期的期刊通过各种方式进行催补。期刊是连续性资源,在流通过程中会出现丢失、破损等情况,阅览室工作人员应定期梳理,下架退刊前,尽量把因出版社漏发、借出、破损或其他原因造成的缺期补上。因为一旦装订成册便很难再去补插缺期。

3. 下架

下架就是将阅览架上的期刊按照一定的顺序(排架号或索刊号)取下,通常同一种期刊要排列在一起。期刊下架要注意的几个问题:

①按年度装订计划以出版年的卷期标识下架,跨年度的卷应保持该卷期的完整。没有卷期标识的期刊按出版年下架,该刊附带的索

引、增刊、特刊、年报、指南等都应跟随本年度卷期一起装订。

②外文期刊合订本装订的理想厚度为每册 2—4cm,若本年度装订厚度不够,可留至下一年度或与数年后出版的期刊一起装订。如果下架后剩余现刊过薄,并且已停止出版或停止订购,可提前与计划年度期刊一起下架。

③下架整理时如有缺期,应查看数据记录。是原缺的刊(出版原因或运输途中丢失的无法补缺)可直接下架,不是原缺的应尽量找齐,已丢失不能找回的要注明,同时将所缺内容用小条标注,夹入下架期刊中。

④计数退刊交接。统计退刊单册数、缺失刊卷期及册数,交与装订和采访人员,待以后补缺。

二、整理分本

下架期刊的集中整理是装订环节中的一道重要工序。要全面考虑整理过程中发现的每个问题,及时与有关流程的工作人员沟通解决。这既是对当年连续出版物工作的阶段性总结,也是对装订人员业务能力的考量。

首先要整体验视,检查每本单册是否有破损掉页、封皮与书芯是否倒装、有无其他卷期单册套夹在书芯内。除正刊外,各种索引、附刊、附图,也是连续出版物正式出版的一部分,不应丢弃。

1. 核对数据

①核对期刊的索刊号、刊名、卷期次、索引及附刊是否与单册数据记录信息(或记到卡片)相符。更名的期刊应按不同刊名分别装订;卷期标识序列变化时(New Series)要把新旧不同的卷期序列分开装订。书目数据未做这些变更的,要及时将变化信息告知编目人员,以便对书目数据进行相应修改。有的索引、附刊、增刊有自己独立的卷期序列号,要向编目人员核验是否需要单独编目和装订。

②复本刊的处理。因到刊渠道的不同,有些期刊会有二套以上,要选择完好的一套作为第一部装订(简称部一),第二套可以视本馆利

用需求或经费许可装订成第二部(简称部二)。个别期次号相同的复本需要进一步甄别:属于印刷错误的期次号可手工改正;是替换用的勘误本则留下新印本,剔除错误本;单独的一期复本可不装订。

③要保证连续出版物自身装订实体的完整,包括封面、封底和刊中广告页。其夹带的散页广告视具体情况处理:若涉及本期内容的新闻图片、地图、企业宣传册等应予以保留;征订卡片、非本出版物或主办者发行的活页广告、与主旨内容无关的其他散页广告可做剔除处理。

④刊中附带的图片、地图等附件要注明索刊号和所在卷期,在合订本的封三做贴袋存放。也可根据附图留的边缘宽度,折页装订在该期之中,避免丢失。如果刊中夹有勘误表,按照卷期指示,直接贴在该期的封面后的第一页上装订。

⑤有的期刊分月度本和年度本出版,刊名和卷期序列相同,应视为一种期刊的不同版本,分别装订。如果使用相同的索刊号,应在刊名后面注明"Monthly"或"Annual"。也可根据馆藏需要仅留存年度本。

2. 排顺分本

(1)排刊理顺

以卷期标识为依据(没有卷期标识的按年度或月份标识),按卷(Vol.)、期(No.)、年、月的顺序,把标识号从小到大、从上到下依次排列。索引、附刊要排插在有关的卷、期或年月之后①。有的索引和附刊连续性强,需要单独编目。

①索引的分类与排法

年度索引(Annual Index)。即每年卷末出版的当年题名索引或年度总目录,放在年末最后一期后。有些年度索引附在下一年的第一期或第二期,要留意记到信息避免遗漏。

---

① 柴彦.浅析期刊装订工作存在的问题及对策[J].图书馆学刊,2010(3):91−92.

卷索引（如：Index to vol.7）和多卷索引（如 Index to vol.135－138）。每卷的索引随该卷（如 v.7）的最后一期装订，多卷索引排在最后一卷（如 v.138）之后。

累积索引（Cumulative Index）。一般分为以年、季度为单位的普通（General）和专题（Subject）索引。若干年（不定期的，少则一年，多至十几年）出版一次的，这类索引原则上单独编目，有自己的索刊号，装订时需查看馆藏记录或财产卡片，按要求装订。偶尔出版的一期累积索引，不需要另做编目，排在所涉及的正刊最末卷次号后面合装。累积索引要在刊名后面注明索引的名称及年卷范围。

著者索引（Author Index）、主题索引（Subject Index）、篇名索引（title index）。分两种情况：属于某年卷的此类索引，应排在该年卷的末期；属于累计性的按累积索引或按本馆书目数据独立装订。

期末索引。指每一期的著者索引、主题索引或其他索引，应随每期装订，置于该期之后。

②附刊的分类与排法

附刊包含增刊（Supplement）、特刊（Special）、号外（Extra）、年报（Yearbook）、指南（Guide），公报（Bulletin），快报（Letters），会议录（Conference Proceedings）等。附刊的题名有的与正刊名相同，有的自带题名，更多的是没有固定题名。附刊大部分要与正刊一起排列装订，少数附刊有自己的附加题名和独立卷期标识。一般做如下处理：

有独立卷期标识的附刊，即有不同于正刊的题名和卷期系列，有自己的 ISSN 号或 ISBN 号，应将其作为另一种连续出版物，或作为书籍编目装订。

无独立卷期标识的情况：有明确指示是某卷、某期的附刊，排在相应的卷号、期号之后；标明某月的附刊，排在某月的正刊之后；有季节标识的附刊可排在相应季节的月份之后；年末出版的附刊随该年的末期；没有标明是某个卷期月份的附刊，排在该年最后一期之后。

（2）分本

排好顺序的期刊以卷或年为单位分合订本，厚度控制在 2—4cm

范围内,以 3cm 为最佳。视单册厚度,薄的可以一卷或多卷合装一个合订本,单册较厚的可以每卷分装为若干个合订本。分本时尽量做到每个合订本册数规律,厚度均匀。但也不可为了追求厚度或册数一致而拆散卷期,比如将上一卷的末期与下一卷的第一期合装。

不要把附刊和索引与其卷期紧随的正刊分开,要分在一个合订本里。但有时候排在年末的附刊或索引的单本数量多、比较厚,为了不拆散正刊的卷期,兼顾正刊与附刊的装订厚度,可以单独为附刊索引分一个合订本。有些期刊的卷期系列标识从创刊起是连续的总期号,每年出版几十期,如较薄的周刊,在保证卷完整的前提下,可以用总期号和月份相结合的方式分本,便于检索和提刊。因停刊、停订、改名等原因造成以后不再继续到刊的,虽然厚度不足也可装订。

合订本的厚薄要灵活掌握,翻阅频率高的,订口过窄的(指中缝空白宽度小于 1cm,常见于骑马订式期刊),纸张厚重的铜版纸,分本应薄一些,反之可以厚一些。分好本的合订本用红蓝铅笔在期刊的下切口划"×"或"\"做记号,作为划分每个合订本的标志。

三、装订

分好本的合订本经过填写装订单、夹单、改单册数据状态为"装订中"、录入装订清单,以及送装订厂加工等过程。

1. 填写装订单和底单

装订单代表合订本的内容明细,一个合订本填写一张装订单,每种期刊按分本的合订本数量,准备同等数量的装订单外加一张底单。既便于装订厂核对实物,也作为合订本书脊烫字的依据,要求准确全面,装订单格式见图 5-2 所示。

(1)装订单抬头部分填写装订日期和装订者代码。装订单中间相应位置填写索刊号和期刊题名。刊名的选取要注意以下几个问题:

①以版权页题名作为正式刊名;

②除正刊名外,如果有分辑号或分辑题名,也要填写;

③属于文摘和专利类的期刊,应在刊名后面写上合订本包含的文

摘号或专利号段范围;

④刊名可以缩写,根据合订本厚度和书脊烫字区域大小,刊名短的可以全部照写,刊名太长影响烫字效果的按规则缩写;

⑤合订本里带有索引和附刊时,在刊名后面写上"with …",例如 with index、with supplement 等附件名称,累积索引要写上索引的年卷范围。

期 刊 装 订 单	日期: 2010年3月 日		
登录号		装法: 精、平	
刊号	刊名		
N 611 2960	EMBO reports. with suppl.		
Vol. 9 No. 5-8		2008 年 月	
	5册合订一本	共计 2 本	

图 5-2 期刊装订单

(2)装订单卷期年代从左至右依次填写合订卷数、期数、出版年月标识,一般分几种情况:

①不缺期的期刊,只写卷号和出版年;

②缺期不完整、一卷分装几个合订本的期刊,要填写卷号、期号、出版年;

③没有卷期序列标识的期刊,只以月日作为期号标识的,填写英文月份和出版年。

(3)表格的最后一行"…册合订一本"表示该合订本包含的单册数(索引、附刊等单册也计算在内)。"共计…本"表示该刊装订的合订本总数。

填写完一对一的装订单以后,每种期刊要再填写一张自留底单,底单汇总了每张装订单内容,即记录刊名、刊号、装订的卷期号和年份、分装合订本的总数,为后面的工作流程——修改馆藏单册状态、录入装订清单做准备。

2. 夹装订单

填写好的装订单应一一对应夹入合订本第一个单册的封二与第一页之间,也可把装订单的一角贴在第一页的空白处防止掉落,直到夹完所分的若干合订本,同时要注意保管好底单。夹好单子的合订本每10本码放为一摞,为了区别不同的合订本,每本之间交叉摆放,便于计数,如图5-3所示。

图5-3　已夹好装订单的待打捆期刊(10个合订本一捆)

3. 修改单册数据、录入装订清单。

装订的合订本达到一定数量后便作为一个装订批次录入装订清单。

首先根据装订底单信息,把图书馆自动化集成系统中的单册记到数据调至"装订中"状态,或在记到卡片上把装订的期数用括号标记,表示已送装,这道工序在核对记到数据时可同时进行。然后把装订底单内容录入装订清单(见图5-4),每张底单代表一种期刊,录入清单的每一条目表格中。

　　所有底单录完后,把清单表格按"刊号"关键字排序,编排序号,合计总数。再检查清单上的合计总数与合订本实际数相符、底单张数与条目序号数一致后,即可把 10 本一摞的合订本打十字捆。最后打印清单,一式二份,分别交装订厂和财务部门。

西文期刊装订清单 — 科技

封面颜色及烫字:墨绿, 色片　批次:2015装P01

送装部门:XXX　　　　　　　　　　　　　　　2015年3月12日

序号	刊号	刊名	卷	期	年月	本数	备注
1	N/A48/400	JAOCS.	89		2012	3	
2	N/A72/5800	Applied physics letters	100-102		2012	26	
3	N/B74/6500	J. Dr. Interplanet. Soc.	65		2012	1	
4	N/D51/2000	Domus. with suppl.		954-964	2012	8	
5	N/F11/2100	FEBS letters.with index.	586		2012	7	
6	N/N29/4800	Nature.	481-492	7379-7429	2012	18	
7	N/T38/2000	Revue d'Ecologie.with suppl.	67	1.3-4	2012	1	
					合计	64	

送装责任人:　　　　厂方负责人:　　　　　　馆计财负责人:

部门责任人:

图 5 - 4　装订清单样式

　　装订底单录入装订清单的过程,也是合订本送装订厂前的一次校对。录入清单不必创建新的空白表格,可把前次的装订清单表格当作母本,把排序号和合订本数项目清零后再录入。当装订底单与表格的刊号和刊名一致,卷期、年月的参数与上次的装订是衔接连续的,即可录入修改并作标记,包括录入新增的期刊条目。

　　全部底单录完后,保存母本表格,另存一个新的表格文档。新文档中本次录入所涉及的带标记条目的集合,就是本批次合订本的装订清单。

四、送装订厂

　　装订厂的选择也是期刊装订工作中的重要环节,近年来,大部分图书馆都是通过招投标的方式选择合适的装订厂。中标的装订厂应严格按照装订要求要求,履行合同义务。装订服务合同应明确规定装订的文献类型及装订要求、装订单价等要素。具体可参见附录《国家图书馆外文期刊装订服务内容及要求》。

1. 装订形式

外文期刊纸张厚重、复本少,采用精装方式更便于保存,取刊和归架时也更为顺畅。为达到耐用、美观、便于翻阅的目的,在装订形式、装订材料和装订工艺方面都有一定的要求①。

精装本的书壳纸版芯采用厚度在 2.5mm 左右的硬度纸板,漆布作书壳的书背与书角,涂塑纸作书壳的封面和封底,胶版纸作前后环衬连接内芯。书芯厚度在 2cm 以下为方背,2cm 以上的厚本均为圆背。封面颜色按收藏学科或文种统一颜色,便于管理和借阅。

书芯采用锁线订。即用上蜡的棉线将书帖一帖一帖地穿联起来,使书帖之间坚固而紧密地连在一起,互相锁紧成册的方法。这一方法适用于精装、平装及合订本,其特点是牢固结实,使用寿命长,是常用的书刊装订形式。锁线装订的书籍,比如百科全书这样的厚本,各页都可以平铺展开,翻阅自如。能经得起复印时的重压,使中缝的字迹内容也能清楚复印。

2. 烫字

书脊烫字是不容忽视的一道工序。烫字材料最好选用不反光的白色片,视觉效果好、观感舒适。烫字质量要求字迹清楚,字体饱满、整齐、美观以及无错字、漏字。烫字内容要正确,一要核对装订单的刊名、附件的描述、卷期年、索刊号信息与实物单册内容相符。二要依据装订单各栏目的文字要求,填写烫字加工样单,作为烫字排版的模板。

书脊烫字从上到下分三个区域,依次为题名、卷期号和年份、索取号。根据开本大小的不同,每个区域在同一开本内的烫字高度应保持整齐一致,藏书单位的名称可作为装饰设计位于书脊最下端。烫字的要求细则见本章第三节,书脊烫字各区域布局格式见图 5-5。

---

① 王淮珠. 精、平装工艺及材料[M]. 北京:印刷工业出版社. 2000:111-152.

图5-5　书脊烫字格式

五、合订本加工

连续出版物单册合装成合订本后,因其物理形态和时效性的变化,馆藏内容由对单册的描述转变为对合订本的描述,馆藏形式也从现刊的阅览流通转变为长期保存和借阅流通。因此,合订本的加工是对期刊馆藏建设的进一步提升。

1.排序验收

收到厂方送回的合订本后,要仔细检查其数量和质量。首先,将数量庞大的合订本先拆捆粗分,把分散的同种期刊集中起来,再按照每种期刊的刊号大小依次排列,并使书脊朝外。相同刊号的合订本再进行细分排顺,按卷期数字从小到大,从左至右排在一起。有复本的合订本部一在前,部二在后。

同一批次合订本全部排顺后开始验收,对照装订清单与合订本的书脊烫字逐本核对,核对项目包括刊号、刊名、卷期年、册数等要正确一致。发现倒装、错装、烫字错误的合订本以及其他装订工艺质量不合格的,应夹纸条作标记,送装订厂返修。

2.合订本数据挂接(财产登记)

(1)挂接前准备

核对。用合订本的索刊号检索书目记录(或检索馆藏财产卡片),

核对刊号刊名是否相符以及出版时间段是否吻合,合订本的卷期范围与馆藏单册数据为"装订中"的卷期一致,并且能与上次挂接的合订本卷期连贯,即可进行后续的挂接流程。

贴条形码。合订本的馆藏条码,一般贴在合订本封二后面的白页上,距底边1—2厘米正中处。这样贴的好处是条形码在书壳里面不会磨损,方便查验扫码。

(2)挂接和描述

合订本挂接馆藏记录的过程,就是将馆藏数据处于"装订中"状态的一批单册,合并修改为合订本状态、并对其所含的单册信息和单册数量进行描述的过程。具体操作方法可依托图书馆自动化集成系统中的连续出版物装订功能模块进行。没有进行馆藏数字化的图书馆,可采用馆藏财产卡片进行合订本财产登记。

合订本卷期内容的正确描述对于揭示馆藏和索取资料来说非常重要,是一项非常具体和细致的工作,应遵从规范、统一、易理解的原则,制定出一整套的描述细则共同遵守。其基本原则是简洁、具体、全面。卷期完整的可以简单描述,缺期的要体现装订的期号,带附刊和索引的要描述其类型。下面将举例说明:

①"v. 4;v. 5,no. 1,3–4(1998)"表示一年两卷合装,第4卷完整,期号可省略不描述;第5卷不齐,缺期用逗号断开,括号内是出版年;

②"no. 73–84(2008–2009)"表示没有卷标识,按总期号出版,两年合装;

③"Jan. – Oct. 2014"表示以月份为系列标识,2014年出版;

④"v. 35,no. 4–6,with suppl.(2015)"表示带有增刊,单词可缩写;

⑤"v. 9,with index(2015)"表示带有第9卷的索引。

合订本卷期描述细则可参见本章第三节。

3. 精装本的加工

记到过的精装本需在书脊贴索刊号书标、在书名页写书角号(索刊号)。书标贴在书脊下方距书脊底边1至2cm处,尽量避开书脊烫字。索刊号写在刊名页的右上角(日文刊是左开本装订,写在刊名页的左上角)。精装本的后续馆藏挂接流程,与普通的合订本流程相同。

六、入基藏库

合订本全部挂接登记后,移交典藏库验收入库(或送回阅览室继续流通)。填写交接三联单,接收人员清点册数后,在交接单上签收、盖章,完成合订本装订入藏工作。

七、整旧与拆装

期刊装订中常有一些散本的漏装刊、补发刊和迟出版刊,还有一些是通过赠送、交换得到的。其中很多是已装订过的合订本所缺的,这些刊对于充实馆藏起了一定的作用。如果单独装订,有的太薄无法装订,有的虽然勉强够装一个合订本,但会打乱排架,不便于检索和流通。比较好的办法就是合订本拆装补缺,一劳永逸。

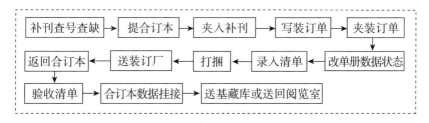

图 5-6　补刊、拆装合订本流程

1. 整旧

过刊、散本刊必须经过查重整理,确认为馆藏所缺后再行拆装。先按记到的工作流程,将刊散本按种类集中排顺,检索馆藏记录。经核对是缺藏的期刊,记到盖章,数据状态改为"装订中"。刊里夹入小条,写上"夹本"字样,称为拆装刊(本),待去书库提合订本拆装。属于"重本"的按本馆的复本刊处理办法,单本的新刊交编目员备查分编。

2. 提刊拆装。

将拆装刊按刊号排顺后,按索刊号逐本从典藏库或阅览室提取对应的合订本,在缺期位置夹入拆装刊。清点提取的合订本数量,填写提刊出库单。把待拆装的合订本对照馆藏数据校对整理后,重复本节第三至第五的流程,最后送还合订本并注销提书单。

第三节 国家图书馆外文报刊装订工作实践

国家图书馆馆藏国外出版的外文期刊一般每种一份,单册开架阅览 2 年后便下架装订成合订本,入基藏库长期保存。国内出版的外文期刊通常为两个复本,开架阅览两年后下架装订成两套合订本,分别入基藏库和保存本库保存。利用 Aleph500 系统进行馆藏挂接后,读者便可通过 OPAC 系统进行统一检索。目前所有外文报刊的馆藏数据均完成了数字化工作。

一、外文期刊装订与合订本挂接工作规范

1. 工作内容

①按期刊年代、卷期排序下架,并按合订本厚度的要求分册;

②检查缺期情况,并做缺期记录。填写装订单一式二份,将待装期刊打捆,录入打印装订清单一式二份、办理送装手续后,将合订本送装订厂;

③对装订回馆的合订本进行验收;

④将合订本按照索刊号排序、逐册合订本贴条形码,在 Aleph500 系统上,按要求进行单册挂接,并送基藏库入藏;

⑤清理遗留问题,处理积压期刊、拆装、基藏库改错等。

2. 质量要求

①要求下架的合订本有序不错乱,每册厚度为 2—3cm,装订单必须填写刊名、索刊号、该合订本的期刊出版年月、卷期,填写内容必须与原刊完全相符。

②做好缺期统计,若有缺期情况,应通知采访与记到人员进行催缺,待补齐后再下架装订。此外,有缺期情况原则上不能下架装订,但

经多次催缺确实补不到刊的情况下可作缺期装订。

③对已装订回馆的合订本应进行数量与质量的验收,保证送装期刊不丢失,不发生倒装、切字、内外题名卷期不符、封面颜色不均和错色、烫错字、装订线过紧或过松等装订质量问题,保证合订本装订错误率不超过2%。

④合订本单册挂接时要仔细与期刊 MARC 书目数据进行核对,保证刊名、出版地、出版年代、卷期与 MARC 数据相符,核对无误后再进行单册挂接。条形码粘贴要规范;单册数据要保证内容齐全准确,错误率不超过1%。

⑤发现分编和记到存在的问题,要及时通知编日和记到人员进行改错。

⑥保证合订本在规定期限内入库,外文期刊装订时限为 3 个月,同时应按规定办理入库手续。

二、装订单部分栏目填写细则

装订单作为合订本检索和烫字的依据,既要体现详细内容,又要让书脊烫字一目了然,要按照一定的格式标准填写。为提高装订工作效率,以机打装订单为例。

图5-7是西文装订单填写格式。第一和第二行是装订日期和索刊号,第三和第四行是刊名和卷期年月系列标识,最后一行是合订本包含的物理单册数和分本总数。重点对刊名和卷期年月标识提出规范细则,日文、俄文装订单以此为参照。

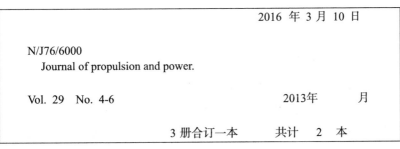

图5-7 机打装订单样式

1. 装订单刊名的选取和格式

①依期刊封面或版权页中的刊名选取。按照英文书写习惯,句首第一个单词第一字母大写。如果第一行写不下,回行时缩进两个字符,再回行时对齐第一个回行。句尾标点". "表示刊名的结束。例如:

Journal of propulsion and
   power.

②有的正刊名后面带有其他刊名:该刊的分辑名或分类名、文摘和专利类期刊要写上文摘号和专利号范围、带有附刊的需填写附刊类别。例如:

Journal of physical.
  Part A:Applied physics.
Chemical abstracts.
  Abstracts 12032 – 13894.
Journal of physical.
  With supplement

③有些刊名带有政府机构、社会团体名称,以 Bulletin、Journal、Review、Proceeding、Transactions 等通用词开头,选取时需采用政府机构、社会团体倒置方式,刊名中每个单词第一字母均为大写(of,the,and 等除外)。例如期刊题名全称为:*Proceeding of the American Mathematical Society. Part A、Applied Mathematics*。把 Proceeding 倒置后,刊名如下:

American Mathematical Society.
  Proceeding.
  Part A. Applied mathematics.

④如果刊名太长,书脊烫字写不下时,要按缩写规则进行缩写。可参照缩略语词典,也可参照 MARC 数据 210 字段的缩略题名填写。例如期刊题名为:*Journal of materials in civil engineering.* 缩写后为:

J. mater. civil eng.

⑤刊名全部是缩写字母时,每个字母大写,字母之间空格,例如 J B I C。刊名一部分是缩写字母时,缩写字母大写,字母之间不空格,例如:EMBO reports。

⑥刊名变化时,按不同刊名的起始卷期分别装订。

2.卷、期、年月的选取和格式

外文期刊的连续标识有多种形式,除了一卷多期、一卷一期、跨年卷外,还有通卷通期、以年代卷、以月代期、以日代期、按季节出版等。有时一种期刊具备了各种连续标识全齐的情况,只选用卷、期(或通期号)和出版年。通常按卷装齐,无卷的按年装齐。每一合订本的卷或年度装齐时,只写卷号和年份,不写期号;如有缺期,要写装订的期号,缺期部分用逗号断开。

卷、期、年、月标识的选用及装订单填写格式细则如下,卷期栏目为空白的,代表该刊没有卷期标识,(以下为装订单的卷期年填写例子;汉字"年、月"是为了烫字加工人员识别用,所以保留)。

①有卷、期(并列有通期号)、月份和年,填写卷、期、出版年,如下所示:例1代表卷完整,不用填写期号;例2代表卷不完整,需要填写具体的期号。

例1:Vol. 25 No.　　　　　　2006 年　　月

例2:Vol. 34 No. 1 ,3–6　　　　2006 年　　月

例3:Vol. 21 No. 1–2 ,4–6　　　2006 年　　月

　　　22　　　　　　　　　2007

②有卷、通期号、月份和年,填写卷、总期、出版年。

例:Vol. 14 No. 79–84　　　　2006 年　　月

③只有卷和月份的,以月为期号,填在月份栏内。

例:Vol. 26 No.　　　　　　2006 年 Jan.– Mar. 月

④以年代卷(没有卷标识)、有按年度划分的期号,整年装订一本的只填写出版年,缺期的填写装订的期号。

例1:Vol.　No. 1–5 ,7–12　　　2006 年　　月

例2:Vol.　No.　　　　　　　2006 年　　月

⑤以年代卷、有通期号,填写通期号和出版年。

例:Vol. No. 206–217　　　　　　　　2006 年　　月

⑥没有卷期标识,以月份或日期代表期数,按实际的月份和日期填写。

例 1:Vol. No.　　　　　　　　2006 年 Jan. – Oct. ,Dec. 月

例 2:Vol. No.　　　　　　　　2008 年 6 Mar. – 24 Apr. 月

三、馆藏挂接要求及注意事项

1. 外文期刊合订本挂接流程

以 Aleph 500 图书馆自动化集成系统举例,挂接前需做以下准备。

(1)贴条形码

条形码是专用于合订本的馆藏条码,区别于单册记到条码。贴在合订本封二后面的白色衬纸上,距底边 1—2 厘米正中处。

(2)校对

在编目系统(Aleph Cataloging)检索模块(Search)中用合订本索刊号(Call number)检索单册记录,检查刊名相符,出版时间段吻合。选中后进入单册(Item)模块,在单册列表找到该合订本与记到数据"装订中"的单册信息,注意年卷期序列要连贯一致。

(3)挂接操作方法

合订本挂接举例:刊号 H/A86/2350,刊名 Art in America,卷期 vol. 101 ,no. 1–3 ,2013 年出版。

①在"单册列表"模块里选中待挂接合订本包含的一个单册 v. 101 ,no. 1,此时单册状态是"装订中(In binding)"。点右边"装订/修改(Bind/Changes)"按钮,出现"装订的单册列表(Items List For Binding)"窗口,在左框选中 v. 101 的 no. 1、no. 2、no. 3 推送至右框(图 5 – 8)。

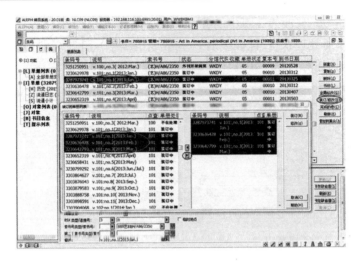

图 5-8　"装订的单册列表"窗口

　②点击窗口右边的"装订"按钮,出现"单册扩充(Item Expand)"窗口,进入合订本修改和描述过程(图 5-9),主要修改表 2"一般信息(1)(General Information)"和表 5"连续出版物级别(Serial Levels)"。

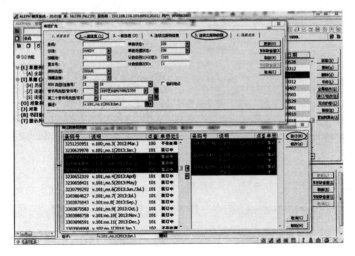

图 5-9　"单册扩充"窗口

第一步:修改表 2 页中的分馆、复本号、资料类型、馆藏连接、单册状态、单册处理状态、计数级别 1(卷数或出版年)、计数级别 2(期数或月份)、描述等(图 5 – 10)。

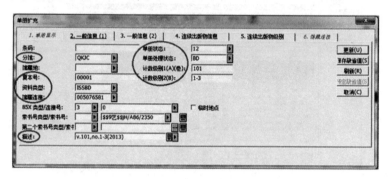

图 5 – 10 "2. 一般信息(1)"修改后样式

第二步:表 5 页填卷期年(表 2 中的计数级别 1 和 2 栏目也可在表 5 填写)、物理合订册数填在交替计数(H)(图 5 – 11)。

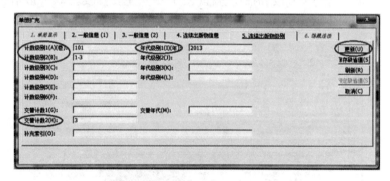

图 5 – 11 "5. 连续出版物级别"修改后样式

第三步:填完表 5 点击"更新(Update)"回到表 2,在"条码(Barcode)"框刷合订本条码(图 5 – 12),即挂接完成一个合订本。

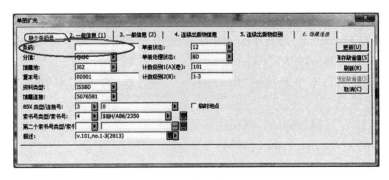

图 5 - 12　点击"更新"后刷合订本条码

上述修改项目中,"描述(Description)"项是体现合订本内容的重要窗口,直观地反映在 OPAC 检索时,应按一定的规范描述,详细的描述细则见"合订本挂接卷期描述细则"。

2.合订本挂接卷期描述细则

(1)基本表示法

①卷期的表示:卷数的用 v. 表示,期数用 no. 表示,部分用 pt. 表示,增刊用 suppl. 表示,索引用 index 表示。

②英文期刊照实标注,非英文期刊卷期标识全部采用英文的表示法。

③年月的表示:年代用 4 位表示,如 1988,2001。月份按照期刊上的语种表示。如英文用:Jan.(1 月)、Feb.(2 月)、Mar.(3 月)、Apr.(4 月)、May(5 月)、Jun.(6 月)、July(7 月)、Aug.(8 月)、Sept.(9 月)、Oct.(10 月)、Nov.(11 月)、Dec.(12 月)。如果同时具有年月标识时月在前年在后,月与年之间要加一空格,如 Jan.1995。

④标点符号的表示:卷 v. 和期 no. 之间、期 no. 和部分 pt. 之间用逗号隔开,不空格。卷期和年代之间要空一格。年要放在括号内,有卷期就不写月。如:v.5,no.1-2(1995)。凡是期数不全的,缺期部分用逗号分开。涉及两个卷或年代的缺期要分开描述,用分号隔开,分号前后各空一格。

⑤描述中的特殊用词:在卷期年描述之后,进一步说明合订本形

态的,用括号表示,如:incomplete(不完整),lack(缺期),reprinted(重印本),hardbound(精装本)。例如,缺期数量很多,无法一一描述时:v.2-4(1993-1995)(incomplete)。

(2)合订本单册描述"Description"一栏,卷、期、年代各种系列表示法

①有卷、期、部分的,其描述如下:

例1:v.5,no.1,pt.1(1954)

例2:v.15-16(1995-1996)

例3:v.39,no.1,3-5,9-12(2000)

例4:v.4,no.2-3;v.5(2001)

例5:v.17-18,no.193-216(2003-2004)

例6:v.2,no.1,3(1993);v.2,no.4-6;v.3,no.2-3(1994);v.3,
  no.4,6(1995)

  错误描述:v.2,no.1,3-6(1993-1994);v.3,no.2-4,6
  (1994-1995)

例7:v.3,no.1(1916);v.3,no.2(1920);v.3,no.3-4(1925)

  错误描述:v.3,no.1-4(1916,1920,1925)

②只有期数没有卷数的,其描述如下:

例8:no.127-152(1935)

例9:no.3-5(1992);no.6,8-10(1993);no.11-15(1994)

例10:no.1-7(1976);no.8-28,33-34,36(1977);no.37-49(1978
-1979)

③以年代卷的,其描述如下:

例11:2005,no.1-2(2005)

例12:2005-2006(不缺期时,只标注年代)

④没有卷期,只有年月标识的,其描述如下:

例13:Jan.-Sept.2001

例14:Oct.-Dec.,with suppl.2008;Jan.2009

例15:3 July-21 Aug.2008

⑤有卷无期,以月代期的,其描述如下:

例 16:v. 34,Jan.–June(2001)

⑥带增刊的,其描述如下:

例 17:v. 35,no. 2–6,with suppl. (2005)

例 18:v. 5,with special(2004)

例 19:v. 5,no. 1–6(2005);with suppl. 1–3(2006)

⑦独立装订的增刊,其描述如下:

例 20:suppl. to v. 2(2009)

例 21:yearbook(2001)

⑧带索引的,其描述如下:

例 22:v. 16,with index(2005)

例 23:v. 35(2005);with index to v. 26–35(1996－2005)

⑨分年代重新起卷的,如 Ser. 1,Ser. 2 等序列的,其描述如下:

例 24:Ser. 6,v. 12,no. 1–3(2004)

⑩增刊单独做编目数据的,其描述如下:

例 25:1993,suppl. 1–3(2002);1994,suppl. 2(2003)(reprinted)

特殊描述情况如下:

例 26:subj. index(A–L)(2001)

例 27:auth. index(M–Z)(July－Dec. 2000)

(3)单册表 5 中特殊情况的描述方法:

①以年代卷时,在卷期的第一行填写年代;

②只有连续期号,无卷标识时,将期号提到卷的位置(第一行);

③当多卷合订且其中某卷期不全时,只填写第一行卷标识;

④没有卷期,有年月标识时,填写年月,卷填年,期填月(数字)。

四、外文期刊合订本书脊烫字要求

在外文期刊合订本的装订过程中,烫字是其中一道重要工序,它反映出合订本中期刊的刊名、年卷期和索刊号等信息。要求字迹清楚,字体饱满、整齐、美观。整体比例大小适中。留出的天头地脚宽度基本一致。

1. 核对

收到图书馆的下架装订期刊后首先拆捆核对。每一个划有标记的合订本第一期第一页内夹有装订单，将装订单各项与实物核对无误后，填写烫字排版加工单，并将装订单小条左上角贴于第一期刊第一页上方中间空白处。若装订单与实物不符，应退回该合订本；若装订单中有明显的误打错误字符，可对照实物自行改正。如果不能确认正误，应向送装者咨询后改正或者退回。

核对项目包括：刊名（包括选择、拼写、截取）、卷期年、索刊号，以及附带的索引、增刊等。

2. 烫字排版格式

依照装订单各栏目内容，填写书脊烫字排版格式模版。书脊上烫字主要分三大区域：刊名标识（上部）、年卷期标识（中间）、索刊号标识和馆藏标识（下部），均采用居中格式。以西文期刊装订单为例（图5-13）。

		2009年3月10日
N/J82/4000		
Journal of the astronautical sciences.		
Vol. 54　No. 3-4	2006年	月
	2册合订一本　　共计　2　本	

图5-13　西文期刊装订单样例

（1）刊名

按照英文书写习惯，每句话第一个字母大写。句尾标点"."表示刊名的结束。烫字时刊名全部用大写字母，句尾的标点"."不参加排版。排版基本上采用一个单词排一行，刊名过长时也可多个单词排一行。若单词过长可拆成两行，按单词音节拆开，中间用短横"-"连接。字号的大小要根据刊名的长短和合订本的厚薄灵活选用。

①一般刊名烫字方法

装订单:Journal of the astronautical sciences.

排版方式：　　JOURNAL　　　或　　JOURNAL OF

　　　　　　　　OF　　　　　　　　　THE ASTRO-

　　　　　　　THE　　　　　　　　　NAUTICAL

　　　　　ASTRONAUT　　　　　　SCIENCE

　　　　　 – ICAL

　　　　　SCIENCE

②正刊名后面带有其它刊名,表示是该刊的补充名或分类名,或是对该合订本内容的补充说明,排版时与正刊名拉开一定距离,字号小于正刊名。

装订单:Chemical abstracts.

　　　　Abstracts 12032 – 13894

排版方式：　　CHEMICAL　　　或　　CHEMICAL

　　　　　ABSTRACTS　　　　　ABSTRACTS

　　　　　ABSTRACTS　　　　　ABSTRACTS

　　　　　12032–13894　　　　　12032–13894

装订单:Journal of physical.

　　　　Part A. Applied physicas.

排版方式：　　　JOURNAL

　　　　　　　　OF

　　　　　PHYSICAL

　　　　　　PART A

　　　　　APPLIED

　　　　　PHYSICS

装订单:Journal of physical.

　　　　with index to v. 4 – 6

排版方式：　　　JOURNAL　　　或　　　JOURNAL
　　　　　　　　　OF　　　　　　　　　OF PHYSICAL
　　　　　　　　　PHYSICAL
　　　　　　　　　　　　　　　　　　　WITH INDEX
　　　　　　　　　WITH　　　　　　　　TO Vol. 4–6
　　　　　　　　　INDEX TO
　　　　　　　　　Vol. 4–6

③当刊名太长，书脊可能排不下时要对其缩写。缩写词中的"."必须烫上，且后面带空格。例如期刊封面正刊名全称为：*Journal of materials in civil engineering*。

　　　装订单（刊名缩写）：J. mater. civil eng.

排版方式：　　　J.　　　　　或　　　J. MATER.
　　　　　　　　　MATER.　　　　　　CIVIL ENG.
　　　　　　　　　CIVIL
　　　　　　　　　ENG.

④有些刊名根据编目要求采用倒置方式，倒置后的单词字号同正刊名。例如期刊正刊名全称为：*Proceeding of the American Mathematical Society*。

　　　装订单（刊名倒置后）：American Mathematical Society. Proceeding.

　　　（缩写刊名：Amer. Math. Soc. Proceed. ）

排版方式：　　　AMERICAN　　或　　　AMER.
　　　　　　　　　MATHEMATICAL　　　MATH.
　　　　　　　　　SOCIETY　　　　　　SOC.
　　　　　　　　　PROCEEDING　　　　PROCEED.

⑤刊名是缩写字母时，每个字母之间空格，也可根据书脊空间和字母数目不空格。字号可适当选大些。

　　（2）卷、期、年月

　　先排卷，再排期，最后排年。

　　①装订单：Vol. 54 No. 3–4　　　　　　　2006 年　　月

　　②装订单：Vol. 7–8 No.　　　　　　　　2007–08 年　　月

排版方式:Vol,54   Vol,7-8

No. 3-4   2007-2008

2006

③装订单:Vol. 21 No. 1-3,5-6   1997 年   月

22   1998

排版方式: Vol. 21

No. 1-3,5-6

1997

Vol. 22

1998

④装订单:Vol.   No. 1206-1225   2001 年 2-4 月

排版方式: No. 1206-1225   或   No. 1206-1225

2001   2001

FEB.-APR.   FEB.-APR.

⑤以月代期的期刊,烫字时应以英文月份表示期号,不加"No."。

装订单:Vol.   No.   1998 年 Jan.-Sept. 月

日文装订单:Vol.   No.   1998 年 1-9 月

排版方式: JAN.-SEPT.   1-9 月

1998   1998 年

日文按文种需烫字"月"和"年"。

⑥在装订单"No.(期)"栏目中出现 Edition(Ed.)、Part(Pt.)、suppl.、index 等字样时,不加"No."。

装订单 A:Vol.   Ed. 25   2002 年   月

装订单 B:Vol. 12   suppl.   2001 年   月

装订单 C:Vol. 26   Part 2   2005 年   月

排版方式:A   B   C

Ed. 25   Vol. 12   Vol. 26

2002   SUPPL.   PART 2

2001   2002

(3)索刊号

索刊号按分行格式排版。第一行的字母 N(或 H)居中,字号要

大。第二行的字母比第一行超前一个字母,后面几行都与第二行左对齐,如:

    N
  J81
  8890
  .100

(4)排版

各语种期刊的书脊排版烫字样式如图5-14,从左到右分别为西文、日文、俄文。

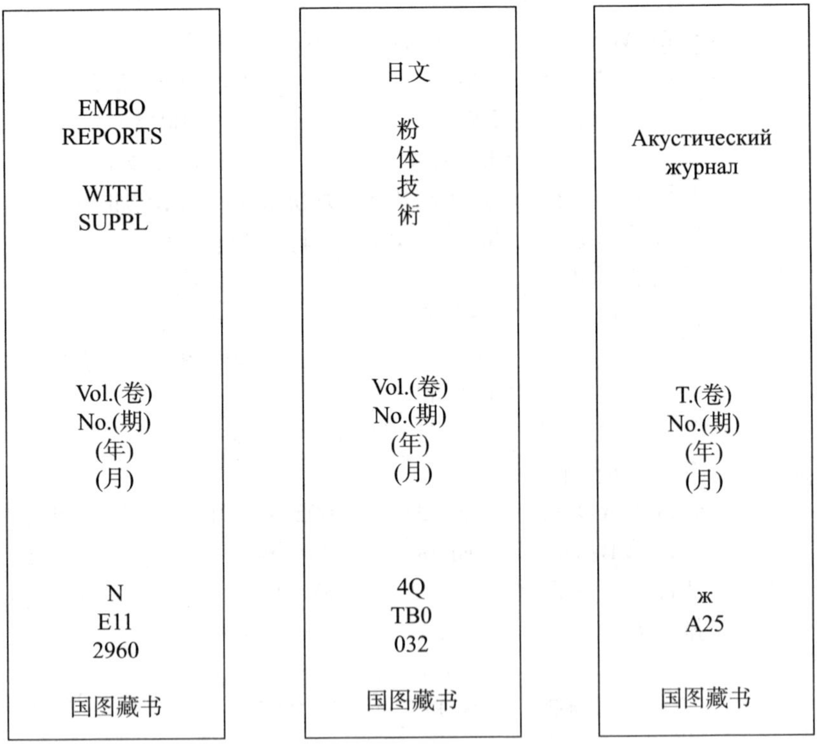

图5-14　书脊排版烫字样式

　　书脊横排版。当书本过薄,竖排烫不下时,要采用横排格式。刊名回行时要缩进两个字母(如同装订单的刊名打法),回行也可采用居中方式。卷、期、年、月部分要一一对应。每项之间拉开一定距离,以便区分。刊号部分尽量竖排烫字,实在过薄也可横排烫。书脊横排版格式如图 5 – 15:

J. TELEMED. TELECARE WITH SUPPL.	Vol.13　No5-8　2007	N/J81/8890/.100

图 5 – 15　书脊横排版格式

　　(5)日文连续出版物

　　刊名排版格式为竖排版,区别是在刊名的上方加文种标识"日文",卷、期、年烫字同英文,月份用阿拉伯数字加汉字的"月",例如"1 – 9 月"。

　　(6)俄文连续出版物

　　俄文书脊排版烫字格式,除了卷用 T. 表示外,基本同英文格式。

第六章 外文连续出版物典藏管理与读者服务

第一节 外文连续出版物典藏管理

外文连续出版物的典藏工作是对馆藏外文连续出版物按照一定的要求,进行合理的布局、排列、保护和清点的过程,是对连续出版物的科学组织与管理,标志着连续出版物开始进入流通领域,同时也是连续出版物管理工作中的重要环节之一。典藏工作的质量直接决定着连续出版物能否得到有效利用。

外文连续出版物的采访、编目、装订等流程,最终的目的是为了收藏及利用。因此,对于任何一个连续出版物的收藏单位,它的典藏工作都是不可忽视的重要一环。

1.连续出版物典藏工作的作用及意义

首先,科学合理的做好连续出版物典藏工作,可以使所藏文献得到科学合理的排架及整理,从而给阅览环节提供必要前提条件。

其次,连续出版物的科学管理能够使所藏报刊得到妥善保管,避免因人为因素或环境变化带来的损害,延长文献的使用寿命,更好的为读者提供服务。

最后,连续出版物的典藏工作,能够及时反馈采访编目部门相关利用情况,使得采访与流通环节能够全面打通,从而提高馆藏连续出版物的入藏质量。

2.连续出版物典藏工作的要求

①明确连续出版物典藏工作的目的及首要任务,典藏工作的目的及最终归宿是服务与利用。要合理安排库藏,使得馆藏连续出版物能够在最大程度上被读者利用,有条件收藏单位应积极创造条件,实行

开架阅览,方便读者利用。

②应根据收藏单位自身特点及条件,选择科学的管理方法,使用合理且恰当的排架方法,做好库房管理的常规工作及连续出版物的日常保存与保护工作。

③及时与采访部门沟通,保证馆藏连续出版物的完整性,及时对缺藏文献进行记录并及时反馈补充馆藏,维护馆藏连续出版物的完整性。

外文连续出版物的典藏工作包含库房划分、排架管理、库房管理等几个方面的内容。

一、库房的划分及类型

连续出版物库房的划分及合理布局是连续出版物典藏管理工作中的一项重要内容,是将所藏期刊与报纸通过科学组织,使其建立相对独立而又互相联系的系统,从而确立其各种功能,直接关系着连续出版物的最终利用。

1.库房划分原则

(1)方便存放、方便利用

期刊、报纸库房的划分应主要以方便存放、方便查找与利用为其首要原则。方便存放是指期刊、报纸库房应首先满足必要的温湿度条件、通风良好且避光。方便检索与利用是指各库房之间的存放应当有序恰当,便于提取与调整,相连书号的库房应就近安排,同时也应考虑服务方式与阅览室之间的联系,以方便读者利用为前提。

(2)节省空间、科学规划

库房的划分应注意科学合理利用有效空间,库房不宜过多过细。尤其对于中小型图书馆,不宜设立过多的期刊报纸库房,以免造成因库房过于分散而增加人力物力方面的负担。

(3)长远规划、适应调整

连续出版物库房的划分不仅要适应当前需要,而且应考虑到未来的发展与变化。期刊与报纸的特点是连续性强,随着时间的推移,馆藏量必将逐年递增,如果不能长远规划合理布局,不仅会浪费大量人力物力而且会造成馆藏破损、丢失等情况。同时,连续出版物的补藏在其典藏工作中是必然的一个环节,因此库房应随时根据这些调整与变化随时做出安排,提前做好准备工作。

2. 库房类型

连续出版物库房一般可划分为基本库、辅助库与特藏库。

（1）基本库

基本库也叫基础库或基藏库,即过期连续出版物总库。负责收藏全部连续出版物,主要保存复本以外的期刊、报纸,一般只阅览不外借。基本库可以是各种期刊、报纸的综合基本库,也可将期刊、报纸等按不同文种分别组织。它在整个馆藏体系中起到总枢纽、总调度的作用,具有全面收藏、长久储备、临时调阅、参考咨询与剔除处理等功能。

（2）辅助库

与基本库对应,也叫分藏库、复本库或子库。一般分为以下几种:

①现刊、现报库:即新近出版的连续出版物的辅助库,一般只保存近两年内的连续出版物,超过此时间期限的将装订转入基本库。本库房一般与开架阅览室相连,提供读者开架阅览,可按学科或文种分设辅助库。

②专藏库:根据不同读者类型及学科性质划分的辅助库,如科技、社科、法律、艺术等专藏阅览室及少年儿童阅览室的辅助库。

③外借复本库:部分有条件的图书馆或收藏单位可设立外借复本库提供读者外借。

④剔存、调拨库:在剔除复本连续出版物之前,需将其单独存放,因此需单独设置一个库房,并将这些连续出版物按索书号排列,便于处理。

⑤储备库:因连续出版物的特点,连续性强、库藏能力有限,对于流通率较低的文献应迁至储备库暂存,节省库房空间,同时可以满足特定情况下的阅览需要。

（3）特藏库

为了特殊需要而设立的专门库房,用以典藏具有特殊用途或载体形式的内部控制的连续出版物,如音像报刊特藏库(缩微胶片、平片、磁带等)、内部库等。

二、排架管理

连续出版物的排架是指将经过登记、编目的期刊、报纸等连续出版物按照一定的规律组织排列在书架之上,使每册连续出版物都有自己固定的位置,便于取阅及库房管理。连续出版物的排架管理也是文献科学保管与合理利用的前提和基础。

1. 排架基本要求

(1)方便取归文献

排架方法是否科学合理,检验标准之一就是是否便于馆藏连续出版物的有效利用,应尽量减少工作人员的劳动强度及工作量,使得他们能够以最快速度提取和上架,在最短时间内满足读者借阅出版物的需求。

(2)充分利用库房空间

连续出版物不仅种类繁多而且数量庞大,如何科学合理设计架位,使得工作人员在库房空间有限的前提下少倒架或不倒架,同时能够节省并充分利用架位空间,这一点在排架过程中应给予充分重视。

(3)方便读者利用

连续出版物的典藏管理是以读者利用为目的的。科学的排架方法应当兼顾节省空间与方便读者利用两方面,特别是开架架位的排列,应当考虑到读者常用检索手段,以适应读者检索期刊的习惯去排架,而不是让读者适应图书馆的排架方法。

2. 常用排架法

目前,常见的连续出版物排架法根据统计约有近 40 种[①]之多,根据内在体系结构的不同大致可分为内容排架法和形式排架法两种。

---

① 江乃武.期刊管理[M].长春:吉林省高等学校图书馆工作委员会期刊管理培训班,1983:167 – 168.

（1）内容排架法

内容排架法是根据文献资料所阐述的主题和学科范畴进行排架，分类排架法和专题排架法是内容排架法的两种主要形式。

①分类排架法，即按照连续出版物的分类号进行排架。目前最常见的就是按照中图法分类排架，即根据《中国图书分类法》相关分类表，按照期刊内容所属学科的分类体系进行排架，这也是最常见的期刊、报纸的排架方法之一。其优点在于：第一，具有科学性和逻辑性，能够使连续出版物按照其所属学科性质分门别类的集中起来，可以系统反映馆藏情况；第二，方便管理，其分类索取号可以使工作人员顺利根据索取号提取文献及归架；第三，方便读者按学科或所需方向查找资料，特别是对于开架阅览室，分类排架是最适合的方法之一。当然，这类方法也有其不足之处。首先，目前分类法中交叉学科较多，而且相当一部分期刊主题交叉、内容庞杂，部分期刊不能准确的固定架位，给库房管理带来困难；其次会为工作人员带来大量的倒架工作，会耗费大量人力物力，如果预留架位将占据更多的库房空间。

②专题排架法，是图书馆的一种辅助性的排架方式，它是图书馆为了配合某些重点任务、科研项目而临时采用的一种排架方式。利用专题形式进行排架，一般可用于连续出版物的宣传与展览服务中。

（2）形式排架法

形式排架法是以文献的形式特征作为排列依据的。形式排架法主要包括字顺排架法、年代排架法、地理排架法、文种排架法、书型排架法、固定排架法、序号排架法和色标排架法等若干种排架方法。其特点是不考虑文献的内容，可作为分类排架的辅助排架法。

①题名排架法。在外文连续出版物中，西文和俄文的连续出版物应按照各自文字的题名字顺进行排列，在排列时，应遵照各自的排列规则，使得其符合提名字顺目录。日文连续出版物或以假名"五十音图"排列，或以汉字笔顺排列，或以英文题名的拉丁字母顺序进行排列。这一排架方法的优点在于不需要编制排架号节省加工环节的时间；库房工作人员只需了解题名字顺即可完成取阅归架的工作；缺点

在于不能集中同类出版物,同时对于连续出版物题名的准确性要求很高,如果在排架期间,名称稍有变动将会影响正常排架,造成某一类文献分属两个不同架位的情况,造成管理混乱。

②年代或地区排架法,即先按连续出版物的年代排列,再将同一年代的出版物按分类法或者题名字顺排架。其优点在于按照连续出版物年代集中,不必预留架位基本不用倒架,缺点在于破坏了期刊内在的联系,如读者需要不同年代的同一类期刊,则工作人员需要去分散的架位寻找,耗时耗力。

③刊号排架法,即按照期刊报纸的 ISSN 号、CN 号、邮发代号等期刊、报纸的各种代号排架的方法。优点是能够集中同一地区出版的期刊,不必重新编号。缺点是一旦代号发生变化,工作人员就需要重新排架,尤其是遇到内部期刊无编号,则无法使用此方法。

④固定排架法。按照连续出版物到馆先后顺序固定在架位上,并分配给每一册连续出版物以固定的排架号。排架号由架号、层格号和顺序号组成。优点在于给号简易,不需要预留空间,每册文献架位固定,无须倒架;归取方便。缺点在于同一类文献无法集中,会因到馆时间不同被分置在不同区域,不便读者查找。

需要说明的是外文报纸所涉及的范围较广,一般不宜采用分类排架法,而是按照报名字顺、登记号或者年代顺序排架。外文期刊排架方式多样,通常情况下收藏品种少的图书馆按照刊名字顺或索刊号顺序排,收藏品种多的图书馆可先按大类粗分,再按刊名或索刊号排;过刊合订本多采用刊名字顺或索刊号排。无论采用何种排架法,都应注意期刊的连续性。

三、库房管理

库房管理的首要工作就是要选择适当的排架方式进行排架。例如在开架阅览室,一般会采用中图法或者刊名、报名进行排架,这样会比较有利于读者顺利找到他们所需要的期刊或报纸;而对于库房工作人员而言,因为连续出版物的采访、记到、编目、入库等流程是环环相扣的,因此库房的排架顺序应与前面的流程保持一致。如果记到以刊名或报名的首字笔画排序,那么排架也一般会采用刊名或报名进行排序。这样一方面可以减轻库房工作人员的劳动强度,提升工作效率。

1. 连续出版物的出、入库管理

(1)连续出版物的出库管理

期刊、报纸的出库一般是基于读者阅览和过刊、过报下架两种情况发生的。现刊、现报与过刊、过报是相对的概念,现刊、现报一般是距今时间较近出版的期刊或报纸(一般与图书馆开架存放的年限相关,通常在半年、一年或者两年不等);过刊、过报则是在现刊时间周期之前出版的报纸或期刊。

期刊、报纸的出库一般是读者借阅或馆内参考咨询人员借阅期刊。在现刊现报出库时,库房工作人员应当首先对于出库期刊或报纸的详细信息(报刊名、年卷期号)、册数、借阅人姓名及出库时间进行登记,以备回库时查验。

(2)连续出版物的入库管理

一般包括新刊、新报入库和出库的报刊回库两种情况。文献入库首先由库房工作人员进行入库登记,包括种数、册数等,如果出现问题应第一时间反馈编目人员,如无问题则进行接收上架工作。出库的报纸期刊回库,需要工作人员及时核对出库记录,核对无误后将报纸期刊归回原架。

2. 连续出版物的顺架与倒架

(1)顺架

在连续出版物库房的管理工作当中,因流通量大、上架数量多等原因,经常会出现文献错架的情况,如果不能及时纠正,就会对库房管理造成不便,尤其是影响读者借阅文献。因此就需要库房工作人员经常进行顺架工作,将每种期刊或报纸按照库房所用的排架方式进行顺架。

(2)倒架

因报纸期刊为连续多年出版的特性,无论文献库房采用何种排架方法,库房的架位都会因文献数量的增加减少而发生变化,架位也会相应紧张或宽松。因此,倒架也就成为库房管理中的一项重要内容。所谓倒架,就是按照所采用的排架方式进行重新排列,为其中出版频率高或是开本较大、厚度较厚的期刊报纸预留出架位,或是将一段时期内的期刊报纸进行紧架、展架以便合理安排库房空间。

（3）库房的安全与卫生

库房的安全与卫生工作是库房管理工作中最关键一环,不能有丝毫松懈。对于文献库房而言,防火防水是库房安全的重点,因而库房应当首先对工作人员做好安全教育,定期巡视,杜绝各类安全隐患的发生。同时还应制定详细的安全应急预案,明确责任人及突发事件的处理流程。库房的安全除了防火防水外还应重视文献安全,应当加强对于库房的门禁管理,保障无文献遗失的情况发生。

除此之外,库房也应重视卫生环境,确保文献无灰尘、无尘螨,使得文献在良好的通风环境中得到妥善保管。

四、国家图书馆外文连续出版物的典藏管理

1. 基本情况

国家图书馆现藏外文期刊 6 913 445 册,外文报纸 96 438（合订册）[①],全部连续出版物实体及电子缩微文献归属典藏阅览部统一管理。其中,外文期刊根据流通量的高低分属两个科组进行管理:文献典藏二组负责流通量较高的全部西文社科期刊、部分西文科技期刊及俄文期刊的日常管理;文献典藏三组负责全部外文报纸、部分日文期刊的日常管理,截至 2015 年年底,馆内外文报纸入藏总量为 121 091 册;日文、俄文期刊 477 567 册。

文献典藏三组同时还负责低流通率的文献储备库——天竺库房的日常维护。目前该库房暂存 2000 年前外文报纸 87 383 册;1970 年

---

① 中国国家图书馆. 馆藏一览［EB/OL］.［2016 – 08 – 22］. http://www. nlc. cn/dsb_zyyfw/wdtsg/dzzn/dsb_gtzy/.

前西文科技期刊 156 705 册;2005 年前俄文期刊 122 354 册。

2. 排架原则

国家图书馆的西文、日文及俄文期刊目前均采用根据题名与分类法进行排架的原则。其中西文期刊根据西文字面顺序进行排架,日文期刊根据日文五十音图及森清法分类排架,俄文则根据俄文字顺排架。这种排架方式能够使期刊按其类别分类集中,便于工作人员熟悉每类期刊性质类别,便于为读者取阅。

3. 库房管理

国家图书馆的文献库房包括保存本与基藏本库、报纸库、期刊库、善本特藏库、普通古籍库、缩微文献库、音像、电子出版物库。库房管理内容包含:文献接收、文献流通、架位管理、文献剔除、统计工作、安全卫生等工作。

(1)外文期刊库房管理

①接收

外文期刊在完成了合订本的装订之后直接入基藏库。其工作流程如下:

a. 按交接单清点入库书刊数量,核对无误后,在交接单上签字。通过计算机系统,采用扫条码的方式,逐册验收入库的图书、合订本期刊及附属品。

b. 在验收图书、合订本期刊时,如果发现著录、标引、书标、装订、烫金等方面存在问题,应单独存放,并及时通知或送交编目部门予以更正。

c. 验收书刊附盘时,应逐一查验光盘是否按规定加工、盘标是否齐全等。凡有物理性损坏、断裂、划伤等质量问题,须及时退交采编部门。

d. 入库书刊须经以上程序进行严格验收,完整无损、无缺页、散页、污损等质量问题的书刊方可入库。区分保存本、基藏本并分开存放,通知各楼层工作人员及时运走上架。要求在 3 个工作日之内完成验收并上架。在上架过程中,发现非本书库的书刊,应及时抽出,送交相关书库。

②流通

基藏库外文期刊合订本流通工作包括按索书单准确地从架位上取出合订本,进行计算机处理,发送出纳台;将还回书库的书刊准确地归回架位。其工作流程如下:

a. 接到打印机输出或手工传送的索书单后,应立即检查索书单内容是否有误,如无差错应尽快将书取出。认真核对索书单与所提书刊上是否相符,在计算机上进行取书处理后,发送出纳台。取书时间应在30分钟以内。

b. 取书后应认真核对所述书刊,核实无误后,将所还书刊归至书架上。

c. 如果所提书刊与索书单不相符或架上无书,应根据具体情况在计算机借还系统上做拒绝处理。取书刊时,发现编目质量问题,如:数据挂接错误、书标与书角号不相符等情况,应下架单独存放,并通知编目部门及时处理。未处理前,不得借阅流通。

d. 取外文书刊时,原则上取原版;无原版时,加入版权公约前的影印本可提供利用。

e. 已归还书刊应及时上架。每天早10点前,须将昨日尚未上架的书刊,归架完毕;每天下班前,须将当日16:30以前所还书刊归架完毕。

f. 图书流通时,如果发现书标磨损或脱落,应重新打贴书标。要求按标准格式打印,文种号、分类号、种次号、著者号的起始号应在同一垂直线上。

③架位管理

基藏库外文期刊合订本架位管理包括顺架、倒架、紧架、整架、架位调整以及库房空间调整等工作。其工作质量要求如下:

a. 架位管理应合理划分架区,责任到人。每季度最少进行一次局部架位整理及处理乱错架工作。平时取归书刊时,发现排架错误,应随时纠正。

b. 每一架位应遵循从上至下,从左至右的排列顺序。严格按索书号(辅助区分号、分类号、种次号或著者号)和索刊号(年、卷、期)有序排列。书刊在架位上应摆放整齐,不歪不倒,松紧适度,发现书刊拥挤现象应及时纠正。

c. 每格书架未放满书刊时,应放置书挡,书刊不得放在书挡之外。书架上的藏书,按上四架格竖立排列,下三架格书标朝上倒放排列(不能竖立的书刊,可倒放排列)。特殊开本书刊如需单独存放时,应在原架位设置代书板,标明该书刊单独存放的位置。

d. 应随时了解并掌握保存本与基藏本的入藏情况,根据书刊的排架特点和规律,科学地进行藏书布局,不定期地进行的藏书空间的调整,合理安排,留有余地。藏书布局和藏书空间调整后,应及时调整书架架标。

④统计管理

基藏库外文期刊统计管理包含典藏、流通等各种数据的统计工作,定期的业务检查,通过业务分析与研究,制定规划与计划,撰写年度库房管理工作报告等。

a. 按业务统计规范的规定进行书刊入藏量、书刊流通量、书刊拒绝率等业务工作量的统计。每月汇总各种数据,及时上报统计报表,并保证数据的真实与准确。

b. 定期对有关统计数据进行分析与研究,了解和掌握文献入藏、藏书布局、库房饱和度等情况,依据书刊的入藏趋势、读者借阅动态,科学地制定文献典藏与利用的长远规划与年度计划。

c. 有计划地组织馆藏文献的清点工作,妥善处理有目录无书的问题。

d. 根据业务工作监督考核办法的规定,定期对库房管理工作的质量与效率进行监督与检查,重点对书刊接收入藏、取书速度、归书时限、排架、整架的准确性等各项工作指标进行抽查。检查严格按照馆藏文献库房管理条例等业务规范和标准执行,讲求实效,避免走过场。

e. 撰写年度库房管理工作报告与质量综合评估报告。

（2）报纸库房管理

国家图书馆的报纸库房管理工作包括中文报纸库、外文报纸库、台港报纸库、中文报纸保存本库、中文现报库、台港现报库及外文现报库的管理工作。

其工作内容包括报纸接收、报纸流通、架位管理、报纸装订、报纸剔除以及业务统计，库房安全保卫、卫生等工作。外文报纸库房管理的工作质量要求如下：

①接收新报入库及接收其他库房转入的报纸，必须按入库清单或转入清单清点，有条码的须扫条码验收，准确无误后予以接收。报纸合订本入库后须在库房内平压三个月。三个月之后应立即上架，提供使用。

②接收入库或阅览流通中如发现报纸合订本存在散装、破损或错装、烫错字等情况，应及时通知相关人员，退装订厂修改或重装。

③收到索报单后，应检查索报单内容是否有误，如无差错，应在30分钟内将报纸取出送到书梯或阅览室出纳台。

④报纸出、入库，应在出库登记单上认真填写报名、年限、提报人、提报时间、册数、归还时间等内容。如遇到架上无报，应在计算机系统中予以查询，必要时核对卡片目录，查明是否有馆藏；或检查出库登记单确定报纸是否借出，并在索书单上注明原因，以便准确答复读者。

⑤对从阅览室返回库房的报纸须进行认真检查，必要时应进行逐页翻阅，是否被剪、割、涂、画或夹带其他东西，保证保存本库的报纸不破损，不丢失。返回库房的报纸须当日整理归架，不得积压。凭索报单取报，无索报单或其他提报手续，任何工作人员不得将报纸提出库房。

⑥每月最少进行一次报纸的顺架及处理乱架的工作，保证报纸排架准确有序。做好报纸入藏和流通的统计工作，每月3日之前将上月统计数字上报。

第二节 外文连续出版物的读者服务

外文连续出版物的读者服务包含阅览与流通两部分内容,是发挥文献资料价值的基本途径。外文连续出版物由于出版周期短,时效性强,不易长时间流通,通常在开架阅览1—2年的时间便装订成册,进入书库保存,而后通过流通的方式进行读者服务。

一、阅览

阅览服务是利用图书馆的空间和设施,组织读者在馆内开展各种阅读活动的服务形式。通过阅览服务,读者可以充分利用图书馆提供的良好环境和馆藏文献进行长期的学习和研究。

1.阅览服务种类

阅览室的服务形式也就是阅览室的管理方式,一般包括开架阅览、半开架阅览和闭架阅览三种方式。一般来说,公共图书馆大多采用开闭架相结合的方式,开架为主,闭架为辅。

开架阅览是图书馆为克服闭架布局的缺点和局限而采取的一种新的布局模式。开架阅览可直接向读者全方位揭示馆藏资源,同时能够方便读者利用,节约读者办理借书手续及等待的时间,同时由于读者通常需要查阅一个时间段内的连续出版物,开架之后能够部分减轻工作人员的劳动强度,提高连续出版物的利用率。它的缺点在于容易错架、乱架及丢失,需要工作人员加强责任心,做好相关管理工作。

闭架阅览的文献采用闭架管理,不必为读者预留活动空间,可最大限度提高库存容量,充分利用书库的有效空间。不易造成藏书丢失、错乱架的现象,便于藏书的组织和管理。但是由于是闭架状态,不能直接向读者公开揭示馆藏,易造成拒借率高、借阅手续烦琐、读者等待时间长、工作人员劳动强度高等问题。通常外文报刊的过刊部分(合订本)多采用闭架方式。

开架与闭架相结合,这种阅览方式多见于外文报刊,由于外文报刊时效性强,一般现刊开架阅览一至两年,后装订成合订本进行闭架保存。

外文报纸的阅览不同于其他连续出版物,对于借阅率高的有副本的外文报纸一般用塑料薄膜套起来,夹在报夹上,无复本的外文报纸一般采用闭架阅览的方式。

2.阅览室的划分

①按照连续出版物的出版时间划分,可以分为现刊/现报阅览室及过刊/过报阅览室;

②按照连续出版物的学科划分,可分为社会科学期刊/报纸阅览室及自然科学期刊/报纸阅览室;

③按照连续出版物的载体形式划分,可分为期刊阅览室、报纸阅览室、缩微阅览室和电子阅览室;

④按照连续出版物的管理方式划分,可分为开架阅览室和闭架阅览室;

⑤按照连续出版物的专门用途划分可分为连续出版物普通阅览室和专题阅览室(如法律参考、经济参考等)。

3.国家图书馆外文连续出版物的阅览服务

国家图书馆目前共开放 27 个阅览室,采取开架或闭架服务的方式,提供中外文书刊报、古籍善本特藏、特色专藏文献、缩微文献、数字资源的阅览服务,其中开架服务的阅览室达 17 个。读者除了持国家图书馆读者卡进入阅览室外,还可以直接持本人第二代身份证进入开架服务的阅览室(13 岁至 16 岁读者需持国家图书馆读者卡进入)。

国家图书馆外文连续出版物的阅览服务目前由两个阅览室分别管理:

(1)外文文献第二阅览室

提供近两年西、日、俄、朝韩文等期刊(不包含法律、中国学期刊)开架阅览服务;提供两年以前西、日、俄、朝韩文等期刊闭架阅览服务;提供 2000 年(含)以后的外文报纸闭架阅览服务。截至 2016 年 7 月底,外文文献第二阅览室共入藏中西文期刊 116 493 册,西文检索刊 230 册,日俄文期刊 65 956 册,阿拉伯语期刊 144 册,外文报纸 9020 册。

目前,外文第二阅览室可提供闭架阅览的外文期刊报纸见表 6 - 1:

表 6 - 1　国家图书馆外文第二阅览室资源一览表

文献种类	提供年限	馆藏地
西文社科期刊	无年代限制	南区基藏库
西文科技期刊	1989 年及以后	南区基藏库
俄文期刊	2006 年—2013 年	南区基藏库
日文期刊	1970 年以前(二期森清法期刊)	北区库房
外文报纸	2000 年—2013 年	北区库房
外文报纸	2014 年—2015 年	外阅二期库房

其中,部分小语种期刊(2005 年之前俄文期刊,2000 年之前的外文报纸,1970 年以后的日文期刊)目前暂时无法提供阅览。

(2)立法决策服务部的法律参考阅览室和海外中国问题研究资料中心

提供近三年西文、日文、俄文法律期刊开架阅览服务及 2011 年后西文、俄文、日文中国学期刊开架阅览服务。其中,法律参考阅览室目前提供 349 种 7200 余册期刊的开架阅览服务;海外中国问题研究资料中心目前提供 2008 年后采编的西文、俄文、日文中国学 160 余种期刊的开架阅览服务。

4.外文报刊借阅工作流程

(1)开架阅览工作

对于开架的阅览室,读者凭本人读者卡/第二代身份证在各阅览室阅览书刊资料,在阅览室、借阅区门口的验证处通过读卡机确认证件的功能有效后,即可入内。阅览室的书刊资料仅供室内阅览,阅览开架图书,每次限取四册;阅览开架报刊,每次限取 1 种/1 年,阅后放在指定地点,读者不能自行归架,以免放错架位。需要复制的文献,读

者需要填写复制单并承诺遵守著作权法,复印完毕交由工作人员清点核对后归架。国家图书馆文献复制委托单见图 6 - 1:

国家图书馆文献复制委托单

申请日期: 年 月 日 所属阅览室:

文献名称	起止页码	复制方式	是否装订	备注
		例:复印A4或B5单页/平面/双面/四面/扫描/拍照。费用详见样例	注:装订5元	
委托人承诺与保证	委托人委托受托人对上述文献进行复制。委托人保证对所委托复制文献的使用完全符合《中华人民共和国著作权法》及相关法律法规及有关司法解释关于作品合理使用的规定,不对所复制文献进行任何商业化使用。若因委托人的委托复制以及对复制文献的不法使用导致任何第三人合法权利遭受的所有损失以及给受托人带来的任何损失均由本委托人全部承担。 委托人签名: 电话: 读者卡后八位:			

图 6 - 1 《国家图书馆文献复制委托单》样例

文献复制单一方面是读者复印文献出室的依据,另一方面可作为读者阅读行为分析的工具,复制单保留三年。

(2)闭架阅览工作

对于闭架阅览的书刊资料,须填写索书单,交由工作人员提取,阅毕归还,请勿随意乱放。近年来,随着图书馆自动化系统的引进,闭架报刊的借还工作相对复杂,国家图书馆外文文献阅览室对报刊借还流程进行了详细的规划,其借还流程见图 6 - 2。

(3)基藏书刊资料借阅工作

基藏库书刊借阅,须在国家图书馆联机公共目录查询系统(OPAC)或卡片目录中检索书目并发送请求或提交索书单,由工作人员提取书刊资料。书刊到出纳台读者凭借阅单取刊,当日不取书刊者须交纳违约金 0.30 元/册。基藏库书刊须当日归还,逾期归还须交纳违约金 5 元/册/日。

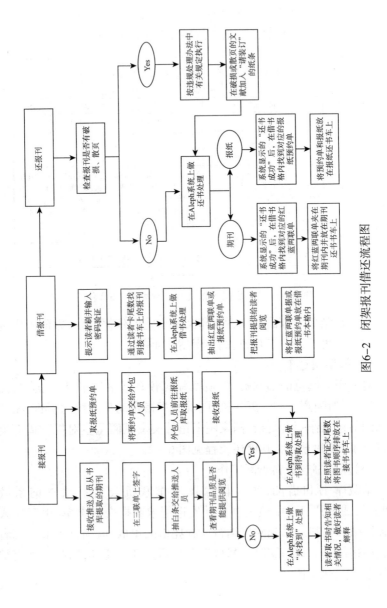

图6-2 闭架报刊借还流程图

二、流通

流通即外借,由于外文连续出版物的时效性强,且单册期刊容易丢失和破损,不像图书那样可以长期外借,大多数图书馆的期刊和报纸不提供外借,而仅限于静电复印,具有保存职责的图书馆通常会提供装订成合订本的外文报刊进行借阅复印后当天归还。

1. 外借的原则

首先应当明确收藏单位的复本情况,对于外借数量及种类加以限制。如本馆无复本,则一般不提供外借,可提供读者复印所需资料。同时,专业期刊应只开放对专业人士外借,综合性期刊不可外借。其次,期刊报纸与图书载体形态不同,因为是连续出版物,故借期应比图书短为宜,一般不应超过 6 天,数量则最多不超过 3 册。

2. 外借的方式

(1)个人外借

个人外借方式是图书馆为用户服务的最基本的方式。读者可以凭读者借阅证,到借阅出纳台借阅所需的文献资料。

(2)集体外借

这是专门为团体用户提供的一种外借服务方式。它一般按照图书馆的有关规定办理集体外借证,由专人负责,代表小组成员或单位用户向图书馆借书处集体外借批量文献,以满足集体用户的阅读需求。

(3)馆际互借

馆际互借服务是图书馆之间根据协定,互相利用对方的资源来满足用户的文献信息需求的一种服务方式,通过馆际互借可以弥补本馆资源的不足,降低拒借率,扩大文献利用的范围,实现文献信息资源的共享。同时,还可以加强图书馆之间的联系和合作,促成文献信息资源的共建,节约文献购置经费。

3. 国家图书馆外文连续出版物的外借服务

国家图书馆的外文连续出版物目前只开通了期刊的集体外借和

馆际互借服务。其中,馆内参考咨询部门集体卡及个人卡均可借阅外文期刊,其中个人参考咨询用户一次可借3册合订本期刊,借期一个月;集体咨询卡用户无借阅册数限制,借期一个月。目前馆际互借出纳台外文期刊借还量约为300余册/月。

第三节　外文连续出版物的宣传与推介

外文连续出版物的宣传推介工作开展的如何,是提高期刊、报纸利用率的关键。由于期刊、报纸的出版具有连续性,一些本单位长期订购的期刊容易被读者了解,而新增或补订的期刊则需要进行推介,以提高读者的利用率。

一、文献推介服务

推荐书目指图书馆信息服务工作中经常涉及的一种目的性很强的基本目录类型。又称"导读书目""选读书目",通常是针对特定读者和目的,选择收录有关文献编辑而成。

1. 文献推介的原则

①针对性原则。即文献信息报道要有针对性,针对特定用户或群体的需要。

②热点突出原则。对于当今热点、独创性论著和高新技术成果,应突出报道。

③类同择优、工具类概略原则。对于诸多类同的文献资料,应采取择优报道的原则;对于参考工具类文献,只需报道书名、作者、出版单位等信息。

④可欣赏性原则。文献信息报道的可欣赏性包括文字编辑、版面设计、文字书写等方面,要有一定的文学、艺术水平,从而达到吸引读者的目的。

2. 新刊的推介工作

新刊推介的方式和新刊报道的形式有很多,主要有新刊展览陈列、新刊报道、编制目录索引和文摘等。

①新刊陈列展览。其特点是简便、及时、直观。新刊陈列有明显的时间性,要按新刊到馆的时间顺序,经常更替陈列的期刊,如当月新刊展示区等。

②新刊报道。是将新到馆的期刊资料按类别、文别编排成书目,在网上发布或在阅览室向读者展示宣传,这是宣传提示和通报馆藏文献的重要方法。

③编制文摘。是按学科和主题,把重要的原始文献以简练的文字压缩成摘要,让读者能够迅速浏览文献简要信息,获取更多资讯。

二、文献展览服务

文献展览是通过荟萃大批某一专题的有关文献资料及书目工具进行展览的方式,宣传报道并反映出某一地区、某些出版发行单位或某图书馆的文献资源,使广大读者对该学科或专题的书刊资料的有一个全面而深入的了解。

文献展览的原则:

①广泛性原则。展览的广泛性要求注意展览内容的多样性及服务对象的全民性。展览的内容既要丰富多彩又要有针对性。

②时事性与史实性相结合的原则。图书馆可以围绕一些时事热点和历史事件进行文献、图片、历史文物展览。

③时效性与针对性相结合的原则。展览传播的信息具有鲜明的时间效应,因此展览要及时了解社会和市场的显示动态和需求;特定的展览又可为特定的人们所利用,因此,组织展览必须明确特定的服务对象,要有针对性。

④主体性与互动性相结合的原则。要加强图书馆作为信息提供源的主体性,重视信息流通的互动性。图书馆的展览服务从某种意义上讲,是针对信息源、信息用户及信息活动的有效组织和管理。

三、专题讲座

图书馆是传播文化的重要阵地,讲座就是图书馆传播文化的重要媒介。借助讲座的形式,可以将先进文化理念有效地传达给听众,满足群众对于知识和信息的需求。

首先,要确定讲座的主题。讲座主题是吸引听众的关键,也要给读者留下较深刻的第一印象。讲座主题的确定需要把握三个方面:社会热点问题、馆藏资源情况、听众对象。

其次,聘请学术专家作为主讲人。主讲人应聘请学术专家,对于讲座所涉及的内容能进行深入剖析及正确引导。

最后,要做好讲座的前期宣传与推广及活动组织工作。

四、文献开发

1. 文献开发基本知识

文献开发指对文献所含信息、知识进行分析、整合和重组,使其潜在价值不但可以全部转换成现实价值而且能大幅度放大其使用价值的过程。文献开发涉及一次文献、二次文献和三次文献的概念。文献类型的划分主要依据文献信息的加工次级与加工方式,反映了文献信息的内涵和外延,反映了文献信息的内涵与外延,反映了文献在使用中的相互关系。

(1)一次文献

一次文献是指作者最初发表的文献,反映了科学研究与设计试制活动的直接成果,其主要内容是首次发现或系统总结产生的新知识、新技术、新观点、新论证,或者对已知思想观点与事实材料的新理解、新探讨。诸如期刊论文、专著、科技报告、专利说明书、学术会议论文、学位论文、技术标准等资料,都属于一次文献。一次文献是读者学习的最基本最原始的文献资料。确定一篇文献是否属于一次文献,应该根据文献内容而不是载体形式。

（2）二次文献

二次文献是对原始文献群的信息特征系统检索、组配、加工、报道的文献资料。诸如各种书目、索引、文摘、题录、简介等资料类型，都属于二次文献。其中，索引和文摘是二次文献的代表。

二次文献具有检索与通报一次文献的双重功能，因此又称通报性文献和检索性文献。它的主要作用在于，系统反映原始文献信息，帮助读者用较少时间浏览较多的文献信息，提供检索所需要的文献线索。

（3）三次文献

三次文献是对原始文献群的内容进行系统综合、分析、评述及编写的文献资料，即高度浓缩加工的再生科研文献。

三次文献是在一次文献成果的基础上产生的，它可以利用二次文献成果，作为检索文献线索的途径，也可以不经过二次文献而直接利用一次文献的内容成果。

三次文献可以分为综述研究类和参考工具类两大文献类型。综述研究类诸如专题述评、总结报告、动态综述、动态综述、进展通讯、信息预测等。参考工具类文献诸如手册、大全、年鉴、指南等。

2. 文献开发的原则

①内容是否符合现实需要，应结合时事、研究的需要。

②明确的目的性。根据读者对象、用途来挑选图书资料并相应确定其结构、材料的编排。

③实际出发确定选题计划，有重点地编制书目索引和文摘，著录简明扼要，尽量减少烦琐手续。

3. 文献开发的形式

（1）题录

题录同书目、索引、文摘相比，具有著录简单、易查易检的特点，它是最新参考资料的主要检索工具。题录具有内容新、时差短、速度快等特点。

（2）书目

书目是独立的、完整的文献资料。普通阅览室多采用参考性专题书目。这是一种以一定学科或专题为对象，全面广泛收集一定时期内该学科或专题的文献资料而编制的书目。书目的著录要准确完整。

（3）索引

索引与书目属于同一种类型，两者相互补充。它是索引文献资料必备的工具。书目是从归纳的角度编写的，索引则是从分析的角度编写的。

（4）文摘

文摘是对文献资料的摘录或简介。读者阅读文摘，可以明了文献资料的基本内容，使读者能以较少的时间和精力了解文献的要点和掌握文献的线索。文摘和书目、索引在形式和内容上都有相同之处，因此我们可以把文摘看成是书目索引的进一步发展。编制文摘要忠于原作，摘取文章的基本观点、主要内容的原句，要观点鲜明、层次清楚、词句连贯、篇幅简短。

连续出版物的文献开发一般包括编制综合性期刊目录，通常包括刊名、刊号、内容简介、发型范围、发行量等基本信息，以帮助读者了解期刊的出版现状；编制馆藏目录，揭示本单位入藏的报纸期刊，方便读者查询；编制期刊报纸联合目录，明确期刊入藏单位，方便读者检索利用；编制期刊报纸索引，将期刊报纸中的篇目摘出，便于读者查检所需资料；编制文摘，通过对内容的简明介绍使读者了解文章内容，做到查阅时有的放矢。

4. 文献开发的表现形式

（1）文献出版

对于珍贵的版本、利用率高的版本可以通过复印、扫描等方式制作复本来流通。既解决了保护原始文献的问题，也解决了读者查阅的问题。

（2）特色文献数据库的建设

图书馆应重视有特色的二次文献数据库的开发。要根据本馆收藏特点,将馆藏资源中的特色文献转化为特色二次文献数据库,增强文献利用价值。要努力做到所提供的二次文献信息具有针对性、有序性、便捷性等优良品质,实现信息的高质、高效服务。

（3）文献的数字化

原始馆藏数字化是指将传统图书馆的印刷型文献资源转化成数字化信息,经过整理和组织后,存储在计算机存储设备里。原始馆藏数字化是现代图书馆建设数字化信息资源的重要方法之一,它不仅可为图书馆提供数字化的信息资源还可提高原始馆藏的利用率,有效地保管原始馆藏。原始馆藏文献的数字化工作要特别注意版权相关问题。

第七章 外文连续出版物的馆藏评价

第一节 外文连续出版物馆藏评价的目的与意义

一、外文连续出版物馆藏评价的概述

馆藏评价,就是对图书馆现有的馆藏体系所具有的各个属性进行检测和评定。它包括对馆藏数量、馆藏结构、馆藏本身的学术价值以及馆藏使用效果等各个指标进行综合分析与总体评价[①]。通过馆藏评价,图书馆可以了解馆藏发展是否符合本馆的工作方针及任务,是否可以满足读者对文献信息的需求,是否可以指导图书馆自身的教育及科研,对图书馆过去各个时期的馆藏发展状况进行回顾与总结,以便更好地进行馆藏建设。

外文连续出版物的馆藏评价就是对馆藏外文连续的数量、结构、学术价值、使用价值等进行的综合分析与评价。外文连续出版物作为文献资源建设的一个组成部分,是衡量图书馆馆藏质量的重要参考,也是图书馆馆藏特色的标志。

古代的图书馆因侧重于收藏和保存文献,评价馆藏往往只依据收藏数量和珍本的多寡。20 世纪 80 年代以前,我国图书馆界很少进行馆藏评价。现代图书馆由重收藏发展到重使用,以馆藏能否最大限度地满足读者需求,便成为评价馆藏的重要标准之一。馆藏质量的评价紧围绕馆藏数量和质量两个方面评价,以馆藏保障率、复本率、增长率、最佳入藏量等为依据来评价藏书总量及增长量控制程度;以藏书内容的情报含量和科学性、藏书的利用率和拒借率为依据来评价藏书

---

① 戴龙基.文献资源发展政策研究[M].北京:北京大学出版社,2007:43.

质量的高低；以分析藏书的学科结构、等级结构、文种结构、时间结构、文献类型结构来评价藏书体系结构的合理性[①]。由于手工操作难度较大，因此对馆藏评价的理论性研究多于实践操作。20 世纪 90 年代中期以后，计算机及图书馆集成系统的应用为获取数据提供了便利，以分析各学科专题馆藏分布情况来评馆藏结构，以统计馆藏文献流通量来评价馆藏复本量合理性的实践逐渐普及。近年来，随着网络及电子资源的兴起，复合图书馆的概念逐渐被图书馆界认可。网络环境下的"馆藏评价"不仅包括物理形态的实体馆藏，而且包含以网络资源为主的"虚拟馆藏"。面对馆藏资源的变化，新的馆藏评价标准有选择地继承了传统图书馆馆藏评价指标中的科学适用部分，再结合数字信息资源的特点，增设了新的评价指标。

外文连续出版物具有类型复杂、品种多、价格高、载体形态不一、质量参差不齐等特点，同时由于外文连续出版物具有时效性强，能够较快反映科技发展的新动态等特点，外文连续出版物成为图书馆开展参考咨询的重要信息资源。但是由于外文连续出版的价格昂贵，在馆藏资源建设经费中占有很大的比例，因此对馆藏外文连续出版物的馆藏评价成为图书馆的重要的常规工作之一。

二、外文连续出版物馆藏评价的目的

首先，有助于了解外文连续出版物的馆藏发展是否符合图书馆的既定方针政策；对一定时期内的馆藏发展政策进行回顾与总结，可以了解现有馆藏是否能满足读者对文献信息的需求，是否能实现图书馆的职责；从而为制定外文连续出版物馆藏发展政策提供理论和数据支持。

其次，能够进一步优化馆藏体系结构，体现外文连续出版物的馆藏价值。通过分析馆藏资源的结构和学科分布情况，调整纸本和电子形式连续出版物的比例，使馆藏结构逐步优化，最大限度地符合馆藏建设的需求。提供客观、标准的馆藏状况信息，确保现有馆藏资源得

---

① 　何静.馆藏资源评价研究述评[J].情报资料工作.2012(1):42－47.

到有效的利用。

再次，为经费申请和经费分配提供合理依据。由于历史原因，我国许多图书馆每年都会将很大比例的馆藏资源建设经费用在采购外文连续出版物上。但是由于外文连续出版物价格昂贵，且每年都有一定的涨幅（3%—20%），而各图书馆馆藏资源建设经费的涨幅却远远跟不上外文连续出版物的价格涨幅。图书馆购买力的下降与外文连续出版物价格的节节攀升形成了较为尖锐的矛盾。通过馆藏连续出版物的价格评估，能够为经费申请和分配提供科学依据。

最后，能够提高图书馆的科研水平。外文连续出版物馆藏评价是科研工作的重要内容，这项工作需要大量起点高、能力强、基础好的图书馆员参与进来。对于参与馆藏评价的人员是一种很大的挑战，也是一种很好的锻炼。

三、外文连续出版物馆藏评价的意义

近年来由于电子资源的迅速发展，改变了传统图书馆的馆藏结构，如何平衡印刷型资源和电子资源的馆藏结构，如何通过科学的评估，合理的分配文献购置经费成为图书馆的研究重点。外文连续出版物的数字化程度比图书要快，因此国内的图书馆纷纷加大了对外文连续出版馆藏评估的力度，以便为数字时代文献资源建设提供有力保障。外文连续出版物的馆藏评估有以下意义[①]：

第一，有利于了解馆藏结构。国内外多数学者都把馆藏结构作为馆藏评价的最基本指标，包括馆藏数量、文献类型及比例、语种分布等。虽然这只是馆藏评价体系中的一部分，但对馆藏结构的了解有利于整体把握馆藏概况，在评价过程中有的放矢。

第二，有利于明晰馆藏优劣。进行馆藏评价后，通过评价结果，找出本馆的馆藏特色及学科优势，找出本馆馆藏资源建设所存在的问

---

① 贾莉莉. 复合图书馆实体馆藏资源评价指标体系研究[J]. 图书馆工作与研究，2010(9)51－53.

题,对馆藏资源进行查漏补缺。同时,针对读者需求强,而馆藏资源缺失的学科,通过馆际互借或其他方式进行实现资源的互补。

第三,检验并及时调整馆藏资源建设方针和发展方向。在纵向上,通过馆藏评价,测定本关馆藏资源建设现状,更好地了解馆藏建设的发展方向是否合乎本馆需求,从而为本馆下一阶段的资源建设措施制定及方向的把握提供科学依据。

第四,有利于节省经费。通过馆藏资源的评价,指导下一步的文献采选,保证文献采选工作的数量和质量,避免盲目采选导致的文献重复和采选经费的浪费。

第五,对于公共图书馆,馆藏评价可以了解用户需求,使其更好地对各类用户提供分层服务。通过馆藏评价中的文献利用情况评价,可以判断各个读者群体的文献保障情况,进一步发挥优势,改正不足,从而更好地为各类读者提供服务。

第六,对于高校图书馆,馆藏评价可以衡量高校图书馆为学校教学、科研提供文献服务的能力,从另一个角度保障高校的科研水平。

总之,通过馆藏评价,可以从宏观和微观层面把握馆藏资源建设与利用情况,对于用户的需求和偏好以及馆藏信息资源的数量和用户需求之间的差距有具体的了解;图书馆在掌握馆藏建设具体情况的基础上做出科学的决策,从而对馆藏信息资源建设进一步优化和完善,使之更加科学合理,更加符合读者的需求。

第二节 外文连续出版物馆藏评价的方法及原则

一、外文连续出版物馆藏评价的原则

外文连续出版物馆藏评价工作应坚持"立足馆情,面向发展,实事求是,科学评价"的指导思想,遵循以下基本原则:

1.客观性原则

应针对图书馆的性质、职能、任务和现实情况,根据评价工作的实

际需要,建立适用的评价指标体系和科学的评价办法,力求评价结果客观、全面,为信息资源建设工作提供科学参考与导向。

2. 系统性原则

应将外文连续出版物与其他各类型馆藏文献信息资源的评价工作综合考虑,在对各个组成要素进行检测、评定的基础上,着重综合分析和考查其质量和效益;还应强调本馆与其他文献信息资源系统之间的合作与共享。

3. 动态性原则

评价工作应从有利于本馆馆藏资源建设可持续发展的角度出发,制定科学的规划,确定合理的周期,既要重视对馆藏资源建设现状的客观评价,更要致力于对馆藏发展过程及其发展趋势的动态分析。根据实际需要,评价工作可分阶段、分步骤地展开。

4. 科学性原则

应根据外文连续出版物的特点,确定适用的评价指标,选择适用的评价方法,要重视不同评价环节中不同评价方法的配套使用,重视不同评估指标与不同评估方法的有机整合。

二、外文连续出版物馆藏评价的方法

国际图联《基于概要模型的馆藏建设指南》中指出,馆藏评价主要有两类方法:以馆藏为中心和以用户为中心。以馆藏为中心的方法是指从业界专家的角度评价馆藏,通过各类有关馆藏建设的指导性标准、专家评价或是核心书目比对等方式,对整体馆藏或学科文献进行评价。以用户为中心的方法是指从用户需求的角度审视和评价馆藏,通过读者调查以及收集读者借阅数据、论文引文数据和馆际互借数据等方式,了解用户真实的信息需求,发现馆藏与用户需求之间的差距,进而实现对馆藏的评价。馆藏评价的最优方式是将两种方法相结合,其收集信息准确,描述流程规范,包含定量和定性两种研究结果①。

外文连续出版物作为馆藏文献的重要一部分,其评价方法是多样的,常用的评价方法有:数量评价法、质量评价法、使用状况评价法。在具体的实践过程中,每个图书馆可以根据自己的馆藏情况有区别的选择各种评价方法,尽量做到客观、细致和准确。

1. 馆藏数量评价法

馆藏数量评价法是指对外文连续出版物的收藏规模的评价,通常包含年度订购外文报刊的数量和累积馆藏量等多个评价指标。年度订购量是指本年度外文连续出版物订购的品种和单册数量。它可以反映出图书馆在外文连续出版物上的资金投入,从而揭示图书馆对外文连续出版物的重视程度,也可以反映出各学科领域的种类、数量、结构、配置以及布局,揭示出图书馆外文连续出版物的保障程度。累积馆藏量是指图书馆建馆以来外文连续出版物馆藏建设累积的总品种和单册数量。它可以用于揭示图书馆外文连续出版物逐年增长的幅度和发展情况。

馆藏数量评价法可以用来对图书馆不同时期馆藏增长进行比对,以便图书馆对馆藏规模进行评价。

2. 馆藏质量评价法

馆藏质量是图书馆馆藏建设的重要考核指标,外文连续出版物的馆藏质量评价要从学科保障率、核心期刊比率、资源的完整率等方面进行评价,常用的评价方法有:目录核对分析法、馆藏结构分析法。

(1)目录核对分析法

目录核对分析法,是指将本馆馆藏与一些标准目录、核心目录或权威机构制定的馆藏目录进行比较,检查本馆的馆藏文献在品种、数量、语种等馆藏方面有何不足,从而指导馆藏资源建设。外文连续出版物的目录核对法通常采用国外核心期刊目录与本馆的馆藏期刊目

---

① 　http://www.ifla.org/files/acquisition-collection-development/publications/gcdp-en.pdf.

录进行比对,其结果可作为本馆外文连续出版物馆藏质量的参考因素。

权威机构编制的标准馆藏目录一般由有经验的专家精心选定,具有一定权威性。例如美国的《标准目录丛书》,包括《公共图书馆目录》《学院图书馆目录》《高中图书馆目录》等。这些目录中所列"必备文献"的收藏情况可以反映一个图书馆文献采选的质量。因此可利用标准馆藏目录来核对某一图书馆馆藏,根据入藏文献占标准馆藏目录的比例来评价馆藏质量。但由于标准馆藏目录收录范围和数量有限,各馆的读者和任务又不尽相同,所以用这种方法仍有一定局限性。

国内常用的核心期刊目录如北京大学出版社出版的《国外人文社会科学核心期刊总览》、世界图书出版公司出版的《国外科学技术核心期刊总览》、书目文献出版社出版的《全国西文连续出版物联合目录》等,它们对外文连续出版物的馆藏评价都有一定的借鉴和参考作用。

(2)馆藏结构分析法

馆藏结构分析法,是指根据图书馆馆藏发展政策,对本馆馆藏的学科、收藏级别和文献语种结构等进行的定性分析。馆藏结构分析法常用的指标有:学科结构、馆藏等级结构、文种结构、时间结构。

馆藏结构状况是进行馆藏评价的重要内容。对馆藏结构的评价主要从以下几个方面进行[①]:

①学科结构:即各学科藏书的比例,分析这些比例是否和本馆读者需求相适应及相适应的程度;

②等级结构:可参考美国图书馆学会制定的五级藏书结构理论,考察本馆收藏的各学科、各类型文献是否体现了一定的层次级别,这种层次级别与读者的需求类型、需求层次是否相适应;

③文种结构:统计馆藏书刊的文种比例,分析这些比例是否与本馆读者掌握的语种状况相符合,是否和各语种文献的出版量大体相适应;

---

① 肖希明.网络环境下的馆藏评价标准[J].中国图书馆学报,2002(5):21-24.

④时间结构:主要考察新刊的比例状况。因为只有新刊占总馆藏的比例达到一定的数值,才能保证藏书的信息知识含量和被利用的活力;

⑤文献类型结构:主要考察图书与期刊的比例、印刷型文献与非印刷型文献的比例,以及它们与读者需求相符合的程度。

3. 使用状况评价法

馆藏使用状况评价是对读者利用馆藏资料的记录进行统计分析,掌握馆藏的实际使用状况及馆藏对读者的适用程度,从而修正馆藏的发展方向。常用的馆藏使用状况分析法包括:流通记录分析法、阅览记录分析法、引文分析法、读者评价法等。

流通记录分析法就是根据读者流通记录的情况来分析和评估馆藏建设,主要涉及因素有读者类型、文献类型、语言种类、出版年、入馆日期等。通过分析流通记录可以获知:①了解读者在近几年不使用或很少使用的馆藏,为文献剔除提供数据支持;②了解流通量中核心馆藏的比例,以获取读者的需求满足情况;③了解连续出版物的流通量占馆藏资源总流通量的比例,以便及时修订馆藏建设政策,合理分配购书经费。④通过拒借率、馆际互借满足率等指标反映连续出版物的满足读者需求情况。

阅览记录分析法就是根据阅览记录来了解阅览室室藏文献被读者利用的情况。通过阅览记录可以决定室藏期刊的布局,并可以根据阅览记录及文献复制记录来了解读者的利用情况,从而获取核心馆藏情况。

引文分析法主要是通过查对学术性文献的注释和参考文献,来检查作者所引用的参考文献被本馆收藏情况,以及馆藏被利用或可能被利用的情况。引文分析法能从用户利用文献的角度来评价馆藏的适用性和满足程度,可以较准确的评价馆藏和学科核心书刊的占有率。

读者评价法可以分为专家评价法与一般读者评价法。读者评价就是通过对读者使用图书馆的行为调研,了解读者使用图书馆的目的和馆藏的使用类型。专家评价法主要是通过馆聘专家对馆藏文献进行评价的方法,一般图书馆常见的专家有文献资源建设委员会专家和读者服务专家委员会专家。

第三节　外文连续出版物馆藏评价指标因素

外文连续出版物的馆藏评价是对外文连续出版物的各个属性进行检测、评定,包括对馆藏建设、馆藏服务和馆藏管理等各个指标进行综合分析和总体评价。其中"馆藏建设"主要考察馆藏数量、质量、结构状况;"服务质量"主要考察馆藏服务的质量、效果、效率等方面的状况;"馆藏管理"主要考察文献标引与著录和馆藏揭示方面的状况。

一、馆藏数量

馆藏数量主要指外文连续出版物通过订购、交换、赠送及缴送等多种方式获得连续出版物的馆藏数量。通常包含外文现刊数量、合订本数量、外文现报数量、报纸合订本数量。

外文现刊指当年刊行或仍在刊行的且图书馆已经登记入藏的外文期刊,其计量单位为"种"与"册"。外文期刊合订本指图书馆登记入藏的、已装订成册的外文期刊,其计量单位为"合订册"。外文现报指当年刊行或仍在刊行的且图书馆登记入藏的外文报纸,其计量单位为"种"。外文报纸合订本指图书馆登记入藏的、已装订成册的外文报纸,其计量单位为"合订册"。

二、馆藏质量

外文连续出版物馆藏质量包含外文连续出版物学科保障率、核心期刊比率及连续出版物完整率。

1. 学科保障率

学科保障率指馆藏外文连续出版物所覆盖的学科类别。一般按照《中国图书馆分类法》基本大类分别统计各学科馆藏外文报刊的数量。

学科保障率主要考核馆藏的学科连续出版物能否满足读者需求及是否与读者需求相符合。一般采用定量评价和专家评价相结合的方法。可通过读者需求调查与馆藏统计对比分析,以判断馆藏的各学科类别的连续出版物能否满足读者需求。

2.核心期刊比率

核心期刊比率指年度核心期刊占所订购期刊数量的比例。核心期刊比率是评估馆藏外文期刊质量的重要指标,其计算公式如下:

核心期刊比率＝馆藏的某学科期刊核心期刊种类/该学科所有核心期刊种类×100%

与核心期刊的书目有关的目录有:世界图书出版公司出版的《国外科技核心期刊手册》《国外社科核心期刊手册》;北京大学出版社出版的《国外科学技术核心期刊总览》《国外人文社会科学核心期刊总览》(2004年版本,其评价时依据了SCI和SSCI);大型的、权威的二次文摘/索引数据库,如SCI等收录的期刊。

3.连续出版物完整率

连续出版物完整率指多卷集图书或期刊、年鉴等连续性文献资源是否有缺失。通常采用定量评价和专家评价相结合的方式,通过抽样调查的方式实现。其计算公式如下:

连续出版物完整率＝A/B×100%

A　完整种类数量

B　全部调查数量

该指标主要评价馆藏连续性资源的馆藏完整性,以便于特殊情况下的文献补藏工作。

三、馆藏结构

外文连续出版物的馆藏结构评价指标包括来源结构、学科结构、语种结构、时间结构。

1. 来源结构

来源结构指通过购买、交换、缴送、赠送等不同来源文献占文献总量的比例。其计算公式如下：

来源结构 = A/B × 100%

A　年度购买、交换、捐赠等不同渠道的外文连续出版物数量

B　年度文献入藏总量

该指标是衡量文献来源的可持续发展性。一般采用定量评价和专家评价相结合的方法。

2. 学科结构

学科结构指按照一定的学科分类法而入藏的文献各学科门类的数量、结构比例。一般从馆藏文献书目数据库中按《中国图书馆分类法》基本大类分别统计选取某年度某学科馆藏外文连续出版物的数量占该年度所有学科的馆藏数量比例。其计算公式如下：

学科结构 = A/B × 100%

A　某学科馆藏外文连续出版物的数量

B　所有学科的馆藏数量

该指标是评价馆藏结构是否合理，能否与图书馆职能、读者需求相适应。

3. 语种结构

语种结构是指馆藏外文连续出版物中各语种的数量、比例。馆藏外文连续出版物中各语种的数量在馆藏书目数据库中按语种代码检索、统计结果。为了数据的可获得与精确，可以抽查某一年度的数据。其计算公式如下：

语种结构 = A/B × 100%

A　各语种文献数量

B　所有语种文献总数量

该指标主要衡量语种数量结构是否与图书馆的职能相符合，能否与读者的需求相适应。馆藏外文连续出版物中各语种的数量在馆藏

书目数据库中按语种代码检索、统计结果。为了数据的可获得与精确，可以抽查某一年度的数据。

4. 时间结构

时间结构是指按外文连续出版物出版时间划分的先后层次，反映了出版物所记载的知识记录源远流长和推陈出新的关系。一般可按出版时间调查各类连续出版物的数量，得到不同历史时期的文献数量。利用文献半衰期理论，计算文献的老化情况。按学科调查在半衰期内的文献比例评价馆藏外文连续出版物的时间结构是否合理。其计算公式如下：

$$时间结构 = A/B \times 100\%$$

A　某学科在半衰期内的文献量

B　该学科文献

该指标主要调查馆藏文献的历史发展特点、时效性及老化情况。

四、馆藏服务

外文连续出版物的馆藏服务评价指标包括馆际互借的成功率、藏书拒借率、馆藏使用率、用户满意度等指标。

1. 馆际互借的成功率

馆际互借的成功率是指通过图书馆 OPAC 提交申请，馆际合作馆外借外文连续出版物的成功比率。通过自动化系统可以获取馆际互借用户欲外借外文连续出版物总数，即统计所有与图书馆有馆际互借关系的证卡在一段时间内发送馆际互借请求总数。其计算公式如下[1]：

$$馆际互借成功率 = A/B \times 100\%$$

A　读者通过馆际互借与文献传递系统实际外借的图书总数

---

[1]　参见 ISO 11620-2008 Information and documentation-Library performance indicators。

B　读者欲通过 OPAC 提交外借申请的图书总数

该指标只要评价馆藏外文连续出版物对馆际互借需求的满足程度,体现馆藏文献的共享能力。采用定量评价和专家评价相结合的方法。

2.外文连续出版物拒借率

外文连续出版物拒借率指一定时间内,在读者提出的合理借阅要求中,未借阅到的外文连续出版物数量占读者所要借阅的外文连续出版物总数的百分比。该指标一般由系统管理部门从图书馆借阅系统中调取一段时间内读者发送预约请求的数量和被拒绝预约请求数量,其计算公式如下:

$$外文连续出版物拒借率 = (A + B)/(C + D) \times 100\%$$

A　没有借阅到的闭架书刊的数量

B　没有借阅到的开架书刊的数量

C　要求借阅的闭架书刊数量

D　要求借阅的开架书刊数量

该指标主要反映图书馆开架阅览室和闭架书库的文献架位管理情况,以及图书馆对读者借阅需求的满足程度。可采用采用定量评价和专家评价相结合的方法。

3.外文连续出版物使用率

外文连续出版物使用率是指外文连续出版物的整体利用率。一般先选定抽样时间(如可暂定为评价年度的某一整月时间或统计部门根据实际情况确定),从图书馆自动化系统中获取外文连续出版物的总外借量及闭架阅览量,用 RFID 图书利用统计系统获取同时段的开架阅览量,由期刊开架阅览室图书馆员统计同时段开架期刊使用量。计算公式如下[1]:

---

[1]　参见 ISO 11620-1998 Information and documentation-Library performance indicators。

$$外文连续出版物使用率 = [(A_1 + A_2 + A_3)/B \times C]/D \times 100\%$$

A_1　从借阅系统获取评价时段内期刊总外借量

A_2　从借阅系统中获取的闭架期刊阅览量

A_3　用 RFID 图书利用统计系统获取同时段的开架期刊使用量

B　抽样期间的开馆日数

C　全年开馆日数

D　馆藏总数

该指标是评价馆藏对预期被服务对象的契合度。影响指标的因素：

①复本量；

②馆藏内容与读者需求的契合度；

③借阅期限、借书量；

④期刊的合订方式；

⑤本馆的推广活动及同仁的推广技巧。

4.用户满意度

用户满意度指读者对整体图书馆或个别服务项目的满意程度。通过用户调研获取用户对于馆藏外文图书和外文期刊的满意程度。制定调查问卷，一般问卷最少设定 16 个问题，以李克特五点尺度量表（Likert Five-point Scale）给分，1 分最差，5 分最好。计算公式如下：

$$用户满意度 = (A_1 + A_2 + A_3 + A_4 \cdots + A_n)/B$$

$A_1、A_2、A_3、\cdots A_n$　为每个问卷的平均得分

B　为回答问卷之人数

该指标主要评价读者对馆藏文献的满意程度，读者满意度是非常主观的，视当时的个别环境而定，读者的期待是最重要的因素，不曾享受高水平服务的读者，可能对低水平的服务感到满意。尽量选择不同学科背景和学术水平的读者。

第四节　外文学术期刊质量评价

　　学术期刊(Learned Periodical, Academic Journal),又称学术性期刊,是一种经过同行评审的期刊,发表在学术期刊上的文章通常涉及特定的学科。学术期刊展示了研究领域的成果,并起到了公示的作用,其内容主要以原创研究、综述文章、书评等形式的文章为主。《中国大百科全书》(1990年版)对"学术期刊"的定义为:"主要刊载学术论文、研究报告、评论等文章。这类期刊的印刷和装帧比较严肃,一般不刊载广告,发行量小,定价较高,内容丰富新颖,信息量大,情报价值高。学术期刊刊载有大量原始性数据资料和原创性观点及成果,在科学研究与交流活动中一直扮演着极其重要的角色。"

　　学术期刊质量评价是指对学术期刊编辑出版界、学术期刊出版主管机构、学术期刊收藏单位、学术期刊利用机构、科研评价机构、学术期刊评价机构等部门,通过定性、定量方法,对学术期刊的学术生产力、学术影响力、社会效益等属性特征进行的鉴定与揭示[①]。学术期刊的评价分为组织评价和个人评价两种形式,外文学术期刊的评价以组织评价为主,个人评价为辅。

一、外文学术期刊评价的理论基础

1. 布拉德福的文献离散定律

　　布拉德福文献离散定律,又称布拉德福分布理论,是指某一特定领域或课题的论文在期刊中的离散分布规律。它是由英国著名文献学家、物理学家布拉德福(S. C. Bradford)于20世纪30年代率先提出的。他用定量的方法描述了相关论文在期刊中"集中—离散"的分布特点,布拉德福文献离散定律的主要内容:如果将期刊按照其登载某

---

　　①　丁明刚.学术期刊评价研究[M].济南:黄河出版社,2010:22.

个学科的论文数量的多少,以渐减顺序排列,可以把期刊分为专门面向这个学科的核心区和包含着与核心区同等数量论文的几个区。这时,核心区与相继各区的期刊数量成 1∶a∶a2 ⋯⋯的关系。后来人们将少数处于核心区的信息密度大、载文量多的期刊称为核心期刊,所以布拉德福定律也成为后来世界各国期刊评价和"核心期刊"遴选的理论基础。

布拉德福定律奠定了文献计量学的理论基础,在文献情报学研究上具有划时代的意义。在期刊评价方面,打破了传统的以专家评议为主要手段的定性评价方法,首次引入定量评价的方法,以期刊载文数量为指标,通过统计期刊刊载某学科论文数量,来评价期刊在该学科中的地位和重要性,开创了期刊定量评价的新时代。

2. 加菲尔德的引文分布规律

1955 年,美国著名情报学家尤金·加菲尔德(Eugene Garfield)在美国《科学》(Science)杂志上发表了题为《引文索引用于科学》的文章,系统地提出了用引文索引检索科技文献的方法。1958 年加菲尔德创办了《现刊题录》,开始将他的引文分析思想和方法付诸实践。1960 年,加菲尔德在费城创办了"科学情报研究所"(Institution for Science Information,简称 ISI),开始了引用引证分析。1963 年建立了世界著名的科学引文索引(简称 SCI)数据库,随后又建立了社会科学引文索引(简称 SSCI)和艺术与人文引文索引(简称 A&HCI)。为不同层次、不同学科领域的学术研究人员提供信息服务。

20 世纪 60 年代,加菲尔德在对期刊文献的引文进行大规模统计分析的基础上,得到了大量被引用的文献集中在少数期刊上,而少量被引用文献又高度分散在大量期刊中的结论。加菲尔德将被引文献来源较集中的期刊定为"核心期刊"。

1972 年,加菲尔德提出了"影响因子"(Impact Factor)和"及时性索引"两个重要的评价指标,并于 1975 年应用到《科学引文索引引证报告》(JCR)中,连同"期刊被引频次"成为期刊定量评价的三项主要引文指标。

3. 普莱斯的文献老化指数和引文峰值理论

普莱斯(Derek John de Solla Price),美国科学家和情报学家,是科学计量学的奠基人。1949 年普莱斯通过对《哲学汇刊》杂志的增长指数曲线的研究,以及后来他通过对其他杂志的研究发现,文摘类杂志数量每 50 年增加 10 倍;科学杂志数量每 50 年增长 10 倍,即"科学期刊按指数增长的规律"。1963 年他又对文献指数增长规律作了进一步的研究,认为科学文献的增长并不是无极限地按照指数规律增长,在文献增长到一定极限时,文献便会达到饱和状态,科学文献的增长即由指数增长转为线性增长。

1971 年,普莱斯在研究文献老化规律时,提出了一个衡量各个知识领域文献老化的计量指标"普莱斯指数",就是在某一统计周期内,发表时限不超过五年的文献的被引用的数量与引文总量之比,该指标的计算公式如下:

P(普莱斯指数)=被引文献数量(小于或等于 5 年)/被引文献总量×100%

一般情况下,普莱斯指数的值越大,则相关文献的老化速度越快,该学科发展越迅速。

此外,普莱斯通过对引文的分析研究发现:有些价值不大或者不适合引用的文献被引用的时限小于两年,而一些学术价值较大的"档案性文献"被引用高峰期的来临则要高于两年,这就是普莱斯"引文峰值"理论。文章发表后两年被引用的次数最高,然后逐渐减少,进入半衰期和老化期。普莱斯"引文峰值"理论在"核心期刊"遴选中对引文数据采集的时效性上,有着重要的指导作用。

布拉德福的"文献聚散定律"表明了科学文献分布存在着"集中—离散"的客观规律,从而行成了"核心期刊"与"非核心期刊",成为期刊评价的原始理论基础;加菲尔德的引文分布规律建立的引文索引体系与理论开辟了学术期刊评价的新时代;普莱斯的指数增长规律、文献老化规律以及引文峰值理论丰富和发展了加菲尔德的引文分析理论,使得引文分析理论成为目前学术期刊评价的理论依据。

二、外文学术期刊质量评价指标

1. 载文量(Paper Amount)

载文量是指某一期刊在一定时期内所刊载的相关学科的论文数量。载文量是反映一份期刊信息含量的重要指标,期刊载文量多,在一定程度上表示这种期刊信息丰富,因而也较为重要。相反,载文量少的期刊信息量较少,重要性稍次。

2. 文摘量(Abstract Number)

文摘量指某一刊物在某期或一定时段内发表的文章被文摘检索性刊物全部或部分转载的文章篇数。文摘量的大小可以有效地反映原发期刊的社会影响。

3. 引文量(Citation Number)

引文量是某期刊发表的期刊中含有的参考文献数量,它是引文链的基本特征之一。通过引文数量的分析,不仅可以揭示文献引证与被引证双方的相互联系,而且还可以从定量的角度反映出主体之间的联系强度。如果两篇论文或两种期刊之间的引文数量大,就可以认为它们之间的引证强度大,说明其联系较紧密。

4. 被索量(Indexed Number)

某种期刊发表的文章被题录类、索引类刊物收录的数量。

5. 被摘量(Picked Number)

某种期刊的文章被文摘刊物摘录、转载的数量。

6. 被引量(Measured Number)

某一期刊一定时期内发表的文章被"来源期刊"引用的种类和数量。

7. 他引量(Other Journal Measure Number)

某种期刊在统计期内刊发的文章被其他期刊引用的总量。该指标反映了某期刊在其他期刊中的学术影响。

8. 总被引频次(Total Citations)

某种期刊自创刊以来所登载的全部论文在统计当年被引用的总次数。该指标反映了该刊被使用和受重视的程度,以及在科学交流中的作用和地位。说明了该刊物的学术影响力,是国际通行的学术期刊评价指标。

9. 影响因子(Impact Factor)

影响因子是美国 ISI(科学信息研究所)在其发布的《期刊引证报告》(JCR)中使用的一项指标。是 1972 年由加菲尔德提出的,现已成为国际上通用的期刊评价指标,它不仅是一种测度期刊有用性和显示度的指标,而且也是衡量期刊的学术水平,乃至论文质量的重要指标。其计算公式为:

影响因子 = 某期刊前 2 年发表论文在该年的被引次数/该刊前 2 年发表的论文的总数

影响因子是国际通行的期刊评价指标。一般来说影响因子高,期刊的影响力就越大。对于一些综合类的研究领域来说,因为研究的领域广所以引用率也比较高。

10. 即年指标(Immediacy Index)

即年指标又称"当年指数""及时性索引",指某期刊当年发表论文的被引用次数除以该刊当年发表的论文数,这是一个表征期刊即时反应速率的指标,主要表述期刊发表的论文在当年被引用的情况。其计算公式为:

即年指标 = 该期刊当年发表论文在当年被引用的总次数/该期刊当年发表论文总数

11. 他引率(Non-Sel-Vited Rate)

他引率只该期刊的总被引频次中,被其他期刊引用次数所占的比例。其计算公式为:

他引率 = 被其他期刊引用次数/该刊总被引频次

12. 扩散因子(Spreading Factor)

扩散因子是一个用于评估期刊影响力的学术指标,显示总被引频次扩散的范围。具体意义为期刊当年每被引 100 次所涉及的期刊数。其计算公式为:

扩散因子 = 总被引频次涉及的期刊数×100/总被引频次

13. 学科扩散指标(Subject Proliferation of Targets)

学科扩散指标指在统计源期刊范围内,引用该刊的期刊数量与其所在学科全部期刊数量之比。其计算公式为:

学科扩散指标＝引用刊数/所在学科期刊数

14. 学科影响指标(Subject Impact Indicators)

学科影响指标是指被评价期刊所在学科内,引用该刊的期刊数占学科内全部期刊总数的比例,其计算公式为:

学科影响指标＝所在学科内引用被评价期刊的期刊数/所在学科期刊数

学科影响指标反映期刊在本学科内的学术影响力,从学科影响指标的计算公式可以发现,同一学科内的期刊,学科影响指标与学科内引用该刊的期刊数成正比。

15. 被引半衰期(Cited Half-life)

被引半衰期指某一期刊论文在某年被引用的全部次数中,较新的一半被引论文发表的时间跨度。它是衡量期刊老化速度快慢的一种指标。通常不是针对个别文献,而是针对某一学科或专业领域的文献的总和。

通常被引半衰期越大,其老化的速度越慢;理论性期刊较应用性期刊的被引半衰期长;年载文量多的期刊较载文量少的期刊的被引半衰期长;权威性期刊较非权威性期刊的被引半衰期长;发行量大的期刊较发行量小的期刊的被引半衰期长;公开发行的期刊较非公开发行的期刊的被引半衰期长;先进国家或地区的期刊较非先进国家或地区的期刊的被引半衰期长;专业面宽的期刊较专业面窄的期刊的被引半衰期长。

16. 引用半衰期(Citing Half-Life)

引用半衰期是指该期刊引用的全部参考文献中,较新一半是在多长一段时间内发表的。通过这个指标可以反映出作者利用文献的新颖度。进而表明作者研究的学科领域是否具有前沿性。

17. H 指数(H-index)

H 指数或 h 因子(h-factor),是一种评价学术成就的新方法。最初是由美国加利福尼亚大学圣地亚哥分校的物理学家乔治·赫希(Jorge Hirsch)在 2005 年提出来的,其目的是量化科研人员作为独立个体的研究成果。H 代表"高引用次数"(high citations),一名科研人员的 H 指数是指他至多有 h 篇论文分别被引用了至少 h 次。一个人的 H 指数越高,则表明他的论文影响力越大。例如,某人的 H 指数是 20,这表示他已发表的论文中,每篇被引用了至少 20 次的论文总共有 20 篇。

H 指数是根据论文的"质"和"量"两个方面确定的具有创新的指标。H 指数高不仅表明评价对象发表质量高,而且高质量的论文数量也多,因而弥补了传统文献计量学单项数量指标只能体现数量的遗憾,是近年来文献计量学指标研究的一项重要成果和进展。

参考文献

1. About Annual Review[EB/OL].[2016 – 06 – 30]. http://www. annualreviews. org/page/about/overview.

2. About UKSG[EB/OL].[2016 – 05 – 27]. http://www. uksg. org/about.

3. Banks D. Approaching the Journal des Scavans,1665 – 1695:A manual analysis of the thematic structure[J]. Journal of World Language,2015,2(1).

4. China Daily's Print Media[EB/OL].[2016 – 08 – 01]. http://www. chinadaily. com. cn/static_e/printmedia. html.

5. CONSER-Cooperative Online Serials Program[EB/OL].[2016 – 05 – 06]. http:// www. loc. gov/aba/pcc/conser/.

6. Guidelines for a Collection Development Policy using the Conspectus Model[EB/ OL].[2012 – 07 – 22]. http://www. ifla. org/files/acquisition-collection-development/publications/gcdp-en. pdf.

7. ISSN 中国国家中心[EB/OL].[2016 – 05 – 24]. http://www. nlc. cn/newissn/.

8. NASIG Vision & Mission[EB/OL].[2016 – 05 – 06]. http://www. nasig. org/site _page. cfm? pk_association_webpage_menu = 308&pk_association_webpage = 186.

9. Nisonger T. E. Management of Serials in Libraries[M]. Englewood:Libraries Unlimited,1998.

10. Amt für Ver? ffentlichungen der Europäischen Union. Schlüsselveröffentlichungen der Europäischen Union 2012[M]. Luxembourg,2012.

11. The International Centre for the registration of serial publications-CIEPS[EB/OL]. [2016 – 05 – 06]. http://www. issn. org/the-centre-and-the-network/our-mission/ the-international-centre-for-the-registration-of-serial-publications-cieps/.

12. The introduction[J]. Philosophical Transactions,1665,1(1).

13. Tomajko K G. ,Drake M A. The Journal,Scholarly Communication,and the Future [J]. The Serials Librarian,1985,10(1 – 2).

14. Ulrichsweb Global Serials Direetory[EB/OL].[2016 – 07 – 01]. https://ulrich-

sweb. serialssolutions. com.

15. ISBD 评估组. 国际标准书目著录(2011 年统一版)[M]. 北京:国家图书馆出版社,2012.

16. ISSN 中国国家中心[EB/OL]. [2016 – 05 – 24]. http://www. nlc. cn/newissn/.

17. 鲍国海. 略论厂刊及其情报价值[J]. 情报学刊,1992(5).

18. 曹明,许进. 出版频率对期刊管理工作的影响[J]. 当代图书馆,1999(3).

19. 柴彦. 浅析期刊装订工作存在的问题及对策[J]. 图书馆学刊,2010(3).

20. 程曼丽. 中国历史上第一份近代报纸——《蜜蜂华报》研究[J]. 新闻记者,1988(8).

21. 戴龙基. 文献资源发展政策研究[M]. 北京:北京大学出版社,2007.

22. 丁明刚. 学术期刊评价研究[M]. 济南:黄河出版社,2010.

23. 方汉奇. 中国新闻事业简史[M]. 北京:中国人民大学出版社,1983.

24. 何静. 馆藏资源评价研究述评[J]. 情报资料工作. 2012(1).

25. 黄惠山. 连续出版物概念逻辑理论与方法探析[J]. 中国图书馆学报,1994(4).

26. 黄俊涛,倪波. 连续出版物工作[M]. 北京:书目文献出版社,1991.

27. 贾莉莉. 复合图书馆实体馆藏资源评价指标体系研究[J]. 图书馆工作研究,2010(9).

28. 江乃武. 期刊管理[M]. 长春:吉林省高等学校图书馆工作委员会期刊管理培训班,1983.

29. 江乃武. 连续出版物指南[M]. 长春:吉林人民出版社,1992.

30. 李磊磊. 欧洲近代报纸产生的环境因素分析[J]. 中国出版,2011(24).

31. 李莲馥. 关于图书馆原始登记文件的苏联国家标准[J]. 图书馆学刊,1984(2).

32. 廖. 电子报纸在美问世[J]. 高校图书馆工作,1981(2).

33. 陆彩玲. 吴江丽. 自动化管理时代的期刊记到工作[J]. 现代情报,2008(11).

34. 罗良道. 国外电子期刊发展研究[J]. 图书馆杂志,2001(3).

35. 罗翔宇. 中西报纸起源及其差异[J]. 湖北民族学院学报:社会科学版,1998(2).

36. 吕尚彬,迟强. 2010—2012 年美国数字报纸付费墙研究述评[J]. 国际新闻界,2013(6).

37. 莫斯科新闻纸涨价五倍《真理报》暂停出版[J]. 广东造纸,1992(2).

38. 佘广和.连续出版物类型及其划分研究[J].图书馆理论与实践,1993(4).

39. 申晓娟.GB/T 3792.3-2009《文献著录第3部分:连续性资源》应用指南[M]. 北京:国家图书馆出版社,2011.

40. 中国国家图书馆.馆藏一览[EB/OL].[2016-08-22].http://www.nlc.cn/ dsb_zyyfw/wdtsg/dzzn/dsb_gtzy/.

41. 孙艳华.电子报纸——数码时代的一场报业革命[J].广东印刷,2006(1).

42. 谈金铠.连续出版物工作[M].北京:书目文献出版社,1991.

43. 王淮珠.精、平装工艺及材料[M].北京:印刷工业出版社.2000.

44. 王自强,袁亚平,李英,等.美国政府出版物管理制度研究[J].出版参考,2016 (2).

45. 吴龙涛,叶奋生.连续出版物工作[M].北京:国家图书馆出版社.2013.

46. 肖希明.网络环境下的馆藏评价标准[J].中国图书馆学报,2002(5).

47. 熊渠邻,阮建海,解怀宇.化学文献印刷型检索工具及其进展[J].化学通报, 2000(9).

48. 于鸣镝.连续出版物的连续性[J].图书情报论坛,1994(1).

49. 张桂兰.美国报纸发展近况[J].今日印刷,2015(7).

50. 张怀涛,崔永斌,柯平.报刊与报刊工作[M].河南:河南省高校图书情报工作 委员会,1989.

51. 张咏.美国电子报纸的发展和展望[J].国际新闻界,1997(6).

52. 周汝忠.科技期刊发展的四个历史时期[J].编辑学报,1992(2).

53. 朱硕峰,宋仁霞.外文文献信息资源采访工作手册[M].北京:国家图书馆出 版社,2014.

附录一:《外国报刊目录》分类与中图法分类参照表

类号	中图法	类名	内容
D03	Z60	报纸	
110	B	哲学	逻辑学、伦理学、美学、哲学史
200	C	社会科学	
210	K	历史	综合史(各学科史入各学科)、世界史、各国史
261	K81	人物志	
263	K85	考古学	
267	K89	民俗学	风俗习惯
268	K9	地理	经济地理、人文地理
269	F59	旅游	
270、271	F	经济	经济学、政治经济学、经济计划
290、291	F2	综合经济与统计	经营决策、劳动经济、生产组织、经济核算、房地产经营(管理学入714)
292	F4	工业经济与统计	
293	F3	农业经济与统计	
294	F7	贸易经济与统计	市场学、商品学、广告学、橱窗布置、国际与国内贸易
295	F276	合作经济	
296	F5	交通运输经济与统计	铁路、公路、水路、航空等各业经济与统计;行车表、航期表

续表

类号	中图法	类名	内容
296	F6	邮电	邮电各业经济与统计;集邮
297	F8	财政金融	银行、货币、投资、证券、保险、海关
297	F23	会计、审计	会计、资产评估、税务
298	F8	财政金融	银行、货币、投资、证券、保险、海关
298	F23	会计、审计	会计、资产评估、税务
299	C8	统计学	(统计资料入以上各有关类)
300	D	政论、时事	(政治画报和以政论时事为主的综合性杂志入此类)
301	D8	国际关系	外交事务、政府外交公报
304	D4	群众运动	工人、农民、妇女、青年、学生组织与工作
305	D73	亚洲研究	国家、地区研究(包括太平洋地区、中近东)
306	D74	非洲研究	国家、地区研究(包括阿拉伯)
307	D77	美洲研究	国家、地区研究
308	D76	澳洲研究	国家、地区研究
309	D75	欧洲研究	国家、地区研究(包括大西洋地区)
310	D0	政治学	政治思想史
336、337	C91	社会学	民族、就业、婚姻、老年人、青年人、残疾人等问题;社会福利、救济、保障;社会病态;行政管理
336、337	C92	人口学	人口问题
340	D9	法律与司法	法学、仲裁
341	D91	法令	政府法令公报

续表

类号	中图法	类名	内容
342	D9	法律与司法	法学、仲裁
346	D035	公安	犯罪学、警政、城市交通管理
360	E	军事	
363	E15	军种、兵种	
367	E14	军队后勤供应	（军医入 649）
368	E9	军工技术	兵器、军事工程、军用器材
370	G1	文化事业	（文化交流入此）
373	G21	新闻	
373	G22	广播	
375	G25	图书馆	包括出版发行工作（出版物报道入 900）
375	G35	信息工作	
375	G23	出版工作	
376	G25	图书馆	包括出版发行工作（出版物报道入 900）
376	G35	信息工作	
376	G23	出版工作	
377	G26	博物馆工作	
378	G27	档案工作	
379	G89	文化娱乐与消遣	电视等节目报道、钓鱼、桥牌
380	G4	教育	
381	G61	儿童读物	
382	G4	教育	
390	G8	体育	棋艺、拳术

类号	中图法	类名	内容
391	G87	航模运动	
392	G8	体育	
410	H	语言文字学	
420、421	I	文学	
480	J	艺术	(建筑艺术、庭院美化、房屋装饰入862)
482	J2	造型艺术:绘画	
482	J29	造型艺术:书法	
482	J3	造型艺术:雕塑	
482	J5	造型艺术:工艺美术	
485	J4	摄影艺术	(摄影技术入716)
486	J9	电影、电视	艺术、事业、幻灯
487	J8	戏剧	
487	J7	舞蹈	
489	J6	音乐	
490、491	B9	宗教	
500	N	自然科学	科技综合、科研政策、未来学、科学史、科技命名学
500	G301	科学学	
500	G303	未来学	
509	N91	博物学、显微镜学	
510	O1	数学	
512	O12	初等数学	

续表

类号	中图法	类名	内容
513	O13	高等数学	数理逻辑、数学基础、数论与代数、高等几何、拓扑学、数学分析、概率论、数理统计(随机过程)
513	O14	数理逻辑	
513	O15	数论与代数	
513	O17	数学分析	
513	O18	几何、拓扑学	
513	O21	概率论	
519	O29	应用数学	运筹学(规划论、最优化)、数值分析、数据处理、图解数学(信息论、控制论、系统论入737,程序设计入738)
519	O24	计算数学	
519	O22	运筹学	
520	O3	力学	
521	O31	理论力学	运动学、静力学、动力学(包括摩擦理论、弹道学、分析力学、陀螺力学)、振动学、稳定性理论
525	O34	固体力学	弹性力学、结构力学、塑性力学、强度理论、断裂力学、蠕变、疲劳、实验应力分析
526	O37	流变学	(岩石力学入567)
527	O35	流体力学	流体振动与波浪、粘性流体力学与边界层、湍流、渗流、电磁流体力学、气体动力学

类号	中图法	类名	内容
528	O38	爆炸力学	
529	O39	应用力学	
530	O4	物理学	
533	O41	理论物理学	数理物理学、势论、场论、相对论、统计物理(统计力学)、热力学、量子力学
534	TB13	技术物理	超导理论与技术、工程物理
534	TB7	真空物理	真空物理与技术
534	O52	高压高温物理	高压高温物理与技术
534	O51	低温物理	低温物理与技术
535	O42	声学	超声、次声、磁声、水声(声呐)、声测(建筑声学入863,电声入734)
536	O44	电磁学	电动力学、静电、电介质、电离、放电、带电粒子流动、光电学、无线电物理、电磁波
537	O43	光学	激光理论与技术、光测、光谱学、磁光学、电光学、辐射和吸收(发光、红外辐射、紫外辐射、X射线)、应用光学
538	O56	物质结构:分子物理	分子物理(表面界面科学)、分子运动论、原子物理、基本粒子物理(高能物理)、宇宙线
538	O48	物质结构:固体物理	

续表

类号	中图法	类名	内容
538	O53	物质结构:等离子物理	
538	O55	物质结构:分子运动	
538	O57	物质结构:原子核物理	
539	O59	应用物理学	
540	O6	化学	
542	O64	物理化学、化学物理学	化学动力学(催化)、化学热力学与热化学、溶液(膜、渗透)、电化学、磁化学、光化学、胶体化学、放射化学、表面化学
543	O61	无机化学	化学元素(非金属元素、金属元素、稀有元素、稀散元素)、无机化合物、络合物化学、无机合成化学入545
545	O62	有机化学	
545	O63	高分子化学	
546	O65	分析化学	(包括色谱分析、荧光分析)
547	O69	应用化学	
549	O7	晶体学、结晶学	
550	P1	天文学	天体起源与演化、星系、恒星、太阳系
551	P11	天文观测设备与观测资料	天文台、观象台、天文仪器、观测记录
553	P13	天体力学	无线电天文学

类号	中图法	类名	内容
553	P14	天体物理学	
553	P16	无线电天文学	
560	P	地球科学	(包括自然灾害综论)
561	P2	测绘学	测量学、大地测量、摄影测量、高程测量、平面测量
562	P3	地球物理学	地球起源与演化、地温、地磁、地震、火山、地电、地球物理勘察
563	P33	水文学	水文气象与水文观测、江、河、湖、沼、雪、冰、冰川、雪线、地下水、水资源
564	P4	气象学	气象观测、动力气象、天气学、天气预报、气候学、人工控制天气、改造气候、物候、大气物理学、气象图表
565	P5	地质学	动力地质、大地构造、经济地质、地层学、矿床学、地质力学、地球化学、应用地质
566	P7	海洋学与海洋工程	海洋调查、海洋物理、海洋地质、海洋化学(包括海水淡化)、大陆架、潮汐、海岸线(海湾、海滩)、海洋资源与开发(海洋生物学入584,海洋石油入747,海洋气象入564)
567	P58	岩石学	岩石力学
568	P57	矿物学	
571	P9	自然地理学	区域自然地理、国土规划、地貌学、沙漠、洞穴、温泉、极地、自然资源

续表

类号	中图法	类名	内容
580	Q	生物科学	
581	Q1	普通生物学	形态学、生态学、生命起源与演化、生物统计学、应用生物学
581	Q2	细胞学	
581	Q3	遗传学	
582	Q7	分子生物学	生物大分子、分子遗传、生物能、仿生学、生物声学、生物光学、生物电磁学、生物热学、生物力学、放射生物学、宇宙生物学、蛋白质、核酸、酶、体液化学
582	Q6	生物物理学	
582	Q5	生物化学	
582	Q81	生物技术	
583	Q91	古生物学	
584	Q17	水生生物学	
585	Q18	寄生虫学	动植物寄生虫学、原虫、蠕虫、线虫、环虫等
586	Q93	微生物学、病毒学	微生物分类学、应用微生物学、细菌、真菌
588	Q94	植物学	
591	Q95	动物学	
592	Q96	昆虫学	（医用昆虫入 631）
593	Q98	人类学	人种学、人体形态学、人体测定学
594	Q13	胚胎学、解剖学	组织学、畸形学

类号	中图法	类名	内容
595	Q4	生理学	代谢、激素(病理生理入631)
598	B84	心理学	
610	R	医药、卫生	
611	R31	医疗器械与设备、医学工程	新技术在医学上的应用
612	R1	预防医学、卫生学	公共卫生、卫生行政、保健事业、医院事业、流行病学与防疫、营养学
613	R169	计划生育	
620	R2	中医、中药	中草药、针灸
631	R3	基础医学	病理学、病因学、病原学、免疫学、血清学、血液学、医用微生物、医用昆虫、病理解剖、病原细菌、病理生理
633	R9	药学、制药工业	药剂学、药理学、药品、药性、药效、毒物学、抗菌素、维生素、生药学、药物化学
634	R4	临床医学	诊断学、治疗学(临床化验、物理疗法、温泉疗法、组织疗法、血清疗法)、变态反应
635	R81	放射学	
636	R47	护理学	
636	R49	康复医学	
638	R5	内科学	传染病、麻风病、结核病、寄生虫病、心脏血管(循环系)病、血液及淋巴系疾病、呼吸系及胸部疾病、消化系及腹部疾病、内分泌腺病及代谢病、全身性疾病(营养病、老年病、遗传病、免疫病、体质病、职业病、中毒)、地方病

续表

类号	中图法	类名	内容
639	R73	肿瘤学	癌(恶性瘤)
641	R74	神经科学、神经病学、精神病学	
642	R75	皮肤病学、性病学	
643	R69	泌尿科学	男科学
644	R6	外科学	骨科、麻醉、创伤、矫形、整形
645	R77	五官科学:眼科学	
645	R76	五官科学:耳鼻喉科学	
645	R78	五官科学:口腔科学	
646	R71	妇科产科学	
647	R72	儿科学	
649	R8	特种医学	法医、军医、体育医学、空间医学、航空医学、潜水医学、放射医学(原子病)、外国民族医学
650	S	农业科学	
652	S1	农业基础科学	农业数学、农业物理学、农业化学、农业生物学、农业气象学、土壤学、肥料学(肥料工业入814)
654	S2	农业工程	农田水利、灌溉、农业基本建设、土地利用规划、农业测量
655	S22	农业机械	农用机具、农业电气化、农业动力、农业航空

类号	中图法	类名	内容
658	S4	植物保护	植物检疫、农药制造及使用、天灾及其预防、病虫害及其防治、鸟兽害及其防治、有害植物及其防治(杂草、毒草、寄生植物)
660	S3	农艺学	选种、育种、耕作、栽培、田间管理、农作制度、各类作物(包括禾谷类、豆类、薯类、绿肥、各种经济作物)(饲料牧草入690)
660	S5	农作物	
670	S6	园艺	苗圃、温室、蔬菜、瓜果、果树、观赏园艺
680	S7	林业	造林、育林、森林保护、森林采运与利用、森林工程、森林机械
690	S8	畜牧、狩猎、蚕、蜂	家畜、家禽、蚕桑、养蜂、野生动物驯养、牧草、牧场(饲料加工业入831)
693	S85	兽医	
697	S9	水产、渔业	水产资源、渔捞、养殖、渔业机械(渔船入875)
710	T	工程技术	
711	X9	劳动安全技术	
712	TB1	工程基础科学	工程数学、工程力学
712	TB3	工程材料	
712	TB2	工程设计、测量	工程设计与制图、工程测量

续表

类号	中图法	类名	内容
713	T-1	专利	创造发明、知识产权保护、工业标准（规格）、质量检验与管理、计量、商标
713	T-65	标准	
714	C93	管理学与管理技术	企业管理、生产合理化、贮运、办公设备和管理（人机系统入737）
714	F27	企业管理	
715	X	环境科学与技术	公害问题、与环境科学有关的理工农医问题、水质与大气污染（管理与防止）、废物处理（回收与利用）、噪音与振动、地盘下沉、食品添加物的污染、农药及其残留物的污染、土壤污染（自然灾害入560）
716	TB8	摄影科学与技术	全息摄影、红外摄影、高速摄影、水下摄影、空中摄影、摄影在科研及其他方面的应用（包括缩微复制术）、感光材料
717	TB48	包装技术	包括装潢设计
720	TK	动力工程	能源问题
721	TM6	电力工程	发电（包括火力、水力等各种能源的发电）、输配电、变电、电力网与电力系统
723	TL	原子能技术	核燃料、核反应堆、加速器、受控热核反应装置、辐射保护、原子能利用（具体应用入各类）

续表

类号	中图法	类名	内容
725	TK1	热力工程	工程热力学、传热工学(热传导、对流、辐射、热交换)、燃烧、热工测量、热能学
726	TK5	自然能	地下热能、潮汐能、太阳能(自然能的利用入有关各类,如水力发电入721)
726	TK8	风能	
726	TK6	生物能	
730	TM	电工与电子技术	
731	TM1	电工基础	绝缘材料、电工仪表、电工设计
731	TM2	电工材料	电工材料(电线、电缆等)
731	TM92	日用电器	
732	TM3	电机工程	发电机、电动机、电热、电力拖动
732	TM4	变压器、整流器	
732	TM92	电力应用、照明	
734	TN	电信工程	通讯理论(电波传播、电离层传播、保真度)、有线与无线通信(电报、电话)、微波技术、广播、传真、电视、雷达、录音(电声)、录像
736	TN	电子技术	电子学、电子器件、半导体、脉冲技术、量子电子(光电子、激光入537)
737	TP	自动化与遥控技术	系统论、生产过程自动化、元件与装置、射流(流控)理论与技术、人机学、机器人(仿生学入582)

续表

类号	中图法	类名	内容
737	O23	控制论、信息论	
738、739	TP3	计算机与计算技术	（计算机应用入有关类）
740	TD TF	矿冶工程综论	
741	TD	矿业工程	矿山机械与设备、探矿、采矿、选矿、矿山安全（通风、防尘等）
746	TD82	煤矿	
747	TE	石油与天然气矿	（石油化工入 817）
748	TD87	其他非金属矿	云母矿、明矾矿、硫磺矿、石棉矿、石材矿、硝盐矿、宝石矿、天然钻石（人造钻石入 813）
749	TD85	金属矿	黑色金属矿、有色金属矿、稀有金属矿、放射性金属矿
751	TF	冶金工程	金相学、合金学
751	TG1	金属学	
752	TF4	钢铁冶炼与研究	
764	TF8	有色金属冶炼与研究	
770	TG	金属工艺	热处理（工业加热、加热设备）、电处理、化学处理
772	TG2	铸造	
773	TG3	金属加工	钳、锻、压、拉、轧、铣、磨、车、镟、刨、钻、镗、电加工（电火花、电子束等加工）、超声波加工（机床制造入 782）
773	TG5	金属切削	

续表

类号	中图法	类名	内容
777	TG4	焊接、切割、粘接	
778	TG17	金属腐蚀及保护	防腐、防锈、表面加工、表涂与光制、镀(喷镀、电镀)
780	TH	机械、仪表制造	机械原理、机械设计与制图、机械制造、机械材料、润滑、摩擦
782	TH13	机床、工具、机械零件、装配	轮、轴、轴承、弹簧、各种传动装置、制动
784	TK	动力机械	蒸汽机(锅炉)、内燃机、涡轮机(真空技术入 534,水力、风力机械入 726)
784	TH3	泵	
784	TH4	空气压缩机	
785	TU83	空调设备、供暖	(低温技术入 534,房屋取暖入 863,食品冷藏入 834)
785	TB6	制冷	
793	TH69	其他机械	升降机、电梯
798	TH7	仪器、仪表、精密机械	仪表综合、声学仪器、光学仪器(照相机、电影机、显微镜、望远镜)、测绘仪器、物探仪器、钟表
810	TQ	化学工业与工程	化工机械、气溶胶
812	TQ11	基本化学工业:无机	酸、碱、盐与无机化学制品、试剂、溶剂
812	TQ2	基本化学工业:有机	基本有机化学制品、试剂、溶剂

续表

类号	中图法	类名	内容
813	TQ15	电化学工业	电解工业、电池（化学电源）
813	TQ16	电热化工	人造金刚砂、人造石墨、电石
814	TQ44	化学肥料工业	包括氮固定工业
815	TQ17	硅酸盐工业	陶瓷、耐火材料、玻璃、石膏、珐琅（搪瓷）、水泥与砖瓦石灰的制造（使用入861）、人造晶体
816	TQ51	燃料化学工业	煤炭化工（干馏、煤焦油）、液体燃料工业、煤气工业
816	TQ56	炸药、火柴	
817	TE6	石油化学工业	石油精炼、人造石油、产品分析与检验
821	TQ64	油脂工业	动植物油脂、肥皂、洗涤剂
821	TQ65	香料与化妆品业	香水、护肤护发美容用品
822	TQ61	染料工业	油墨、墨水、桐油、漆、火漆（密封剂）、漆布、油布、胶粘剂
822	TQ62	颜料工业	
822	TQ63	涂料工业	
823	TQ31	高分子化学工业	合成树脂、塑料、塑胶、化学纤维
823	TQ32	合成树脂与塑料	
823	TQ34	化学纤维	
823	TQ43	胶粘剂	
824	TQ33	橡胶工业	天然橡胶、合成橡胶、橡胶制品
826	TS7	造纸工业	纸浆、纸板、造纸机械

类号	中图法	类名	内容
828	TQ9	其他化学工业	灭火器(木材化工入855,杀虫剂入658,感光材料入716)
830	TS2	食品工业	食品工程、工艺、机械、设备、卫生检验、添加剂
831	TS21	粮食工业	粮食贮藏与加工(包括淀粉)、糕点、饲料工业
832	TS3	制盐工业	
833	TS24	制糖工业	包括糖果
834	TS25	肉乳果蔬加工与保藏	肉类、乳类、蛋类、水产品、水果、蔬菜、冷藏、罐头
836	TS26	酿造工业	酒、酱油、醋、味精
837	TS27	饮料工业	茶、咖啡、可可、汽水、冰淇淋、矿泉水
838	TS2	其他食品工业	
850	TS	轻工业、手工业	
851	TS1	纺织印染工业	纺织机械制造、缝纫机
852	TS5	皮革工业	人造革、皮革、皮革制品、机械设备
853	TS8	印刷工业	印刷术、印刷机械
854	TS4	烟草工业	
855	TS6	木材加工工业	木材化工、家具制造、胶合板
857	TS95	其他轻工业、手工业	小五金、珠宝、工艺品、文具、玩具、乐器、教具、刷子、眼镜等
858	TS94	生活供应技术	服装鞋帽、烹饪、洗染、美容美发、家政
860	TU	土木建筑工程	

续表

类号	中图法	类名	内容
861	TU7	建筑施工	土建施工
861	TU5	建筑材料	土建材料(参见815)
861	TU2	建筑设计	土建设计
861	TU6	建筑设备	建筑机械与设备
861	TU3	结构工程	
861	TU4	土力学	
862	TU－8	建筑艺术	庭院美化、房屋装饰
863	TU8	房屋建筑工程	房屋建筑设备、屋内给排水设备、室内电气设备、室内采光与照明、室内取暖
863	TU11	建筑物理学(声学)	
864	TU9	地下建筑工程	(隧道入865,地下铁道入871)
865	U44	桥涵工程	(参见871、873类)
865	U45	隧道工程	(参见871、873类)
866	TU99	市政工程	绿化与园林建设、给排水工程、市政电力及暖气与煤气供应、消防
866	TU98	城市规划	
868	TV	水利工程	水坝、水库、治河、防洪、水井、水的综合利用(河港工程入875,农田水利入654,水力发电入721)
870	U	运输工程	集装箱
871	U2	铁路运输工程	铁路建筑与养护、机车车辆工程(包括地下铁道、高架铁道)(桥梁、隧道参见865)

类号	中图法	类名	内容
873	U4	道路运输工程	公路工程、汽车工业、其他车辆（电车、摩托车、自行车）、公路交通安全管理设施
874	U17	管道运输工程	气体、液体、固体的管道输送；管件制造；管道敷设
875	U6	水路运输工程	造船、船机、轮机工程、航道与港湾工程（航标、灯塔）、港口与码头工程、船舶设备、各种船舶（客船、货船、油船、集装箱船、渔船、工程用船）、航海术
877	V2	航空运输工程	航空工程基础（飞机空气动力学、飞机结构力学）、飞机制造、喷气技术、飞行仪器、机务与机场、航行术
878	V4	宇宙航行、空间科学	火箭、导弹、人造卫星、火箭发射场
900	Z8	出版物报道	
901	Z8	哲学、社会科学出版物报道	
902	Z8	自然科学出版物报道	
903	Z8	医学出版物报道	
904	Z8	农业出版物报道	
905	Z8	工程技术出版物报道	

附录二:《外国报刊目录》国家和地区代码标

代码	国家名称 (中文)	说明	国家名称(英文)
B0	美国	报刊出版主要国家	UNITED STATES
C0	英国	报刊出版主要国家	UNITED KINGDOM
CC	爱尔兰	欧洲:西欧	IRELAND
D0	日本	报刊出版主要国家	JAPAN
E0	德国	报刊出版主要国家	GERMANY
F0	法国	报刊出版主要国家	FRANCE
GA	韩国	亚洲:东亚、东南亚	KOREA, REPUBLIC OF
GB	菲律宾	亚洲:东亚、东南亚	PHILIPPINES
GC	印度尼西亚	亚洲:东亚、东南亚	INDONESIA
GD	文莱	亚洲:东亚、东南亚	BRUNEI DARUSSALAM
GE	马来西亚	亚洲:东亚、东南亚	MALAYSIA
GG	缅甸	亚洲:东亚、东南亚	MYANMAR
GH	泰国	亚洲:东亚、东南亚	THAILAND
GI	老挝	亚洲:东亚、东南亚	LAO PEOPLE'S DEMOCRATIC RE-PUBLIC
GJ	柬埔寨	亚洲:东亚、东南亚	CAMBODIA
GL	新加坡	亚洲:东亚、东南亚	SINGAPORE
GM	越南	亚洲:东亚、东南亚	VIET NAM
GN	蒙古	亚洲:东亚、东南亚	MONGOLIA

代码	国家名称 (中文)	说明	国家名称(英文)
GP	朝鲜	亚洲:东亚、东南亚	KOREA, DEMOCRATIC PEOPLE'S REPUBLIC OF
HA	印度	亚洲:南亚	INDIA
HC	巴基斯坦	亚洲:南亚	PAKISTAN
HD	斯里兰卡	亚洲:南亚	SRI LANKA
HE	尼泊尔	亚洲:南亚	NEPAL
HF	不丹	亚洲:南亚	BHUTAN
HG	锡金	亚洲:南亚	SIKKIM
HI	孟加拉国	亚洲:南亚	BANGLADESH
HK	马尔代夫	亚洲:南亚	MALDIVES
IA	阿富汗	亚洲:南亚	AFGHANISTAN
IB	伊朗	亚洲:西亚	IRAN, ISLAMIC REPUBLIC OF
IC	土耳其	亚洲:西亚	TURKEY
ID	塞浦路斯	亚洲:西亚	CYPRUS
JA	叙利亚	亚洲:西亚	SYRIAN ARAB REPUBLIC
JB	黎巴嫩	亚洲:西亚	LEBANON
JC	以色列	亚洲:西亚	ISRAEL
JD	约旦	亚洲:西亚	JORDAN
JE	伊拉克	亚洲:西亚	IRAQ
JF	沙特阿拉伯	亚洲:西亚	SAUDI ARABIA
JG	也门	亚洲:西亚	YEMEN
JH	巴林	亚洲:西亚	BAHRAIN
JI	科威特	亚洲:西亚	KUWAIT

续表

代码	国家名称 （中文）	说明	国家名称（英文）
JJ	卡塔尔	亚洲：西亚	QATAR
JM	阿拉伯联合 酋长国	亚洲：西亚	UNITED ARAB EMIRATES
JN	阿曼	亚洲：西亚	OMAN
JP	巴勒斯坦	亚洲：西亚	PALESTINIAN TERRITORY, OCCU-PIED
KA	挪威	欧洲：北欧	NORWAY
KB	瑞典	欧洲：北欧	SWEDEN
KC	芬兰	欧洲：北欧	FINLAND
KD	丹麦	欧洲：北欧	DENMARK
KE	冰岛	欧洲：北欧	ICELAND
KF	立陶宛	欧洲：北欧	LITHUANIA
KG	爱沙尼亚	欧洲：北欧	ESTONIA
KH	拉脱维亚	欧洲：北欧	LATVIA
LA	比利时	欧洲：西欧、中欧、南欧	BELGIUM
LB	荷兰	欧洲：西欧、中欧、南欧	NETHERLANDS
LC	卢森堡	欧洲：西欧、中欧、南欧	LUXEMBOURG
LD	瑞士	欧洲：西欧、中欧、南欧	SWITZERLAND

代码	国家名称（中文）	说明	国家名称（英文）
LE	奥地利	欧洲：西欧、中欧、南欧	AUSTRIA
LF	摩纳哥	欧洲：西欧、中欧、南欧	MONACO
LG	列支敦士登	欧洲：西欧、中欧、南欧	LIECHTENSTEIN
LH	波兰	欧洲：西欧、中欧、南欧	POLAND
LI	斯洛伐克	欧洲：西欧、中欧、南欧	SLOVAKIA
LJ	捷克	欧洲：西欧、中欧、南欧	CZECH REPUBLIC
LK	罗马尼亚	欧洲：西欧、中欧、南欧	ROMANIA
LL	保加利亚	欧洲：西欧、中欧、南欧	BULGARIA
LM	匈牙利	欧洲：西欧、中欧、南欧	HUNGARY
LN	阿尔巴尼亚	欧洲：西欧、中欧、南欧	ALBANIA
MA	西班牙	欧洲：西欧、中欧、南欧	SPAIN

续表

代码	国家名称（中文）	说明	国家名称（英文）
MB	葡萄牙	欧洲：西欧、中欧、南欧	PORTUGAL
MC	意大利	欧洲：西欧、中欧、南欧	ITALY
MD	梵蒂冈	欧洲：西欧、中欧、南欧	HOLY SEE(VATICAN CITY STATE)
ME	希腊	欧洲：西欧、中欧、南欧	GREECE
MF	克罗地亚	欧洲：西欧、中欧、南欧	CROATIA
MH	斯洛文尼亚	欧洲：西欧、中欧、南欧	SLOVENIA
MI	波黑	欧洲：西欧、中欧、南欧	BOSNIA AND HERZEGOVINA
MJ	马其顿	欧洲：西欧、中欧、南欧	MACEDONIA
MK	马耳他	欧洲：西欧、中欧、南欧	MALTA
NA	加拿大	美洲：北美、中美、西印度群岛	CANADA
NC	墨西哥	美洲：北美、中美、西印度群岛	MEXICO

代码	国家名称 （中文）	说明	国家名称（英文）
ND	危地马拉	美洲：北美、中美、 西印度群岛	GUATEMALA
NE	洪都拉斯	美洲：北美、中美、 西印度群岛	HONDURAS
NF	萨尔瓦多	美洲：北美、中美、 西印度群岛	EL SALVADOR
NG	尼加拉瓜	美洲：北美、中美、 西印度群岛	NICARAGUA
NH	哥斯达黎加	美洲：北美、中美、 西印度群岛	COSTA RICA
NI	巴拿马	美洲：北美、中美、 西印度群岛	PANAMA
NK	海地	美洲：北美、中美、 西印度群岛	HAITI
NL	多米尼加	美洲：北美、中美、 西印度群岛	DOMINICA
NM	波多黎各	美洲：北美、中美、 西印度群岛	PUERTO RICO
NN	牙买加	美洲：北美、中美、 西印度群岛	JAMAICA
NP	特立尼达和 多巴哥	美洲：北美、中美、 西印度群岛	TRINIDAD AND TOBAGO

续表

代码	国家名称（中文）	说明	国家名称（英文）
NQ	巴巴多斯	美洲：北美、中美、西印度群岛	BARBADOS
NR	巴哈马	美洲：北美、中美、西印度群岛	BAHAMAS
NS	格林纳达	美洲：北美、中美、西印度群岛	GRENADA
NT	多米尼加联邦	美洲：北美、中美、西印度群岛	COMMONWEALTH OF DOMINICAN
NU	古巴	美洲：北美、中美、西印度群岛	CUBA
P0	俄罗斯	报刊出版主要国家	RUSSIAN FEDERATION
PA	委内瑞拉	美洲：南美	VENEZUELA
PB	阿根廷	美洲：南美	ARGENTINA
PC	巴西	美洲：南美	BRAZIL
PD	智利	美洲：南美	CHILE
PE	秘鲁	美洲：南美	PERU
PF	哥伦比亚	美洲：南美	COLOMBIA
PG	乌拉圭	美洲：南美	URUGUAY
PH	巴拉圭	美洲：南美	PARAGUAY
PI	厄瓜多尔	美洲：南美	ECUADOR
PJ	玻利维亚	美洲：南美	BOLIVIA
PK	圭亚那	美洲：南美	GUYANA
PL	苏里南	美洲：南美	SURINAME

续表

代码	国家名称 （中文）	说明	国家名称（英文）
QA	埃及	非洲:北非	EGYPT
QB	苏丹	非洲:北非	SUDAN
QC	利比亚	非洲:北非	LIBYA
QD	突尼斯	非洲:北非	TUNISIA
QE	阿尔及利亚	非洲:北非	ALGERIA
QF	摩洛哥	非洲:北非	MOROCCO
RB	毛里塔尼亚	非洲:西非、中非	MAURITANIA
RC	塞内加尔	非洲:西非、中非	SENEGAL
RD	马里	非洲:西非、中非	MALI
RE	布基纳法索	非洲:西非、中非	BURKINA FASO
RF	尼日利亚	非洲:西非、中非	NIGERIA
RG	尼日尔	非洲:西非、中非	NIGER
RH	乍得	非洲:西非、中非	CHAD
RI	中非共和国	非洲:西非、中非	CENTRAL AFRICAN REPUBLIC
RJ	冈比亚	非洲:西非、中非	GAMBIA
RK	几内亚	非洲:西非、中非	GUINEA
RL	塞拉利昂	非洲:西非、中非	SIERRA LEONE
RM	科特迪瓦	非洲:西非、中非	IVORY COAST
RN	加纳	非洲:西非、中非	GHANA
RP	多哥	非洲:西非、中非	TOGO
RQ	利比里亚	非洲:西非、中非	LIBERIA
RR	贝宁	非洲:西非、中非	BENIN
RS	喀麦隆	非洲:西非、中非	CAMEROON

续表

代码	国家名称 （中文）	说明	国家名称（英文）
RT	加蓬	非洲：西非、中非	GABON
RU	扎伊尔	非洲：西非、中非	ZAIRE
RV	刚果	非洲：西非、中非	CONGO
RW	几内亚比绍	非洲：西非、中非	GUINEA-BISSAU
RX	布隆迪	非洲：西非、中非	BURUNDI
RY	赤道几内亚	非洲：西非、中非	EQUATORIAL GUINEA
RZ	安哥拉	非洲：西非、中非	ANGOLA
SA	埃塞俄比亚	非洲：东非	ETHIOPIA
SB	索马里	非洲：东非	SOMALIA
SD	肯尼亚	非洲：东非	KENYA
SE	乌干达	非洲：东非	UGANDA
SF	坦桑尼亚	非洲：东非	TANZANIA, UNITED REPUBLIC OF
SG	卢旺达	非洲：东非	RWANDA
SH	莫桑比克	非洲：东非	MOZAMBIQUE
TA	赞比亚	非洲：南非、印度洋沿岸	ZAMBIA
TB	马拉维	非洲：南非、印度洋沿岸群岛	MALAWI
TC	津巴布韦	非洲：南非、印度洋沿岸群岛	ZIMBABWE
TD	博茨瓦纳	非洲：南非、印度洋沿岸	BOTSWANA

代码	国家名称（中文）	说明	国家名称（英文）
TE	纳米比亚	非洲:南非、印度洋沿岸	NAMIBIA
TF	南非	非洲:南非、印度洋沿岸群岛	SOUTH AFRICA
TG	斯威士兰	非洲:南非、印度洋沿岸诸岛	SWAZILAND
TH	莱索托	非洲:南非、印度洋沿岸诸岛	LESOTHO
TI	马达加斯加	非洲:南非、印度洋沿岸	MADAGASCAR
TJ	毛里求斯	非洲:南非、印度洋沿岸	MAURITIUS
UA	澳大利亚	大洋洲、太平洋岛屿	AUSTRALIA
UB	新西兰	大洋洲、太平洋岛屿	NEW ZEALAND
UD	西萨摩亚	大洋洲、太平洋岛屿	WESTERN SAMOA
UE	斐济	大洋洲、太平洋岛屿	FIJI
UF	汤加	大洋洲	TONGA
UG	瑙鲁	大洋洲、太平洋岛屿	NAURU
UH	巴布亚新几内亚	大洋洲、太平洋岛屿	PAPUA NEW GUINEA
UJ	瓦努阿图	大洋洲、太平洋岛屿	VANUATU
UK	基里巴斯	大洋洲、太平洋岛屿	KIRIBATI
UL	所罗门群岛	大洋洲	SOLOMON ISLANDS

续表

代码	国家名称 （中文）	说明	国家名称（英文）
UM	新喀里多 尼亚	大洋洲、太平洋岛屿	NEW CALEDONIA
VA	阿塞拜疆	前苏联分解的国家	AZERBAIJAN
VB	亚美尼亚	前苏联分解的国家	ARMENIA
VC	哈萨克斯坦	前苏联分解的国家	KAZAKHSTAN
VE	白俄罗斯	前苏联分解的国家	BELARUS
VH	吉尔吉斯 斯坦	前苏联分解的国家	KYRGYZSTAN
VK	格鲁吉亚	前苏联分解的国家	GEORGIA
VM	摩尔多瓦	前苏联分解的国家	MOLDOVA, REPUBLIC OF
VT	塔吉克斯坦	前苏联分解的国家	TAJIKISTAN
VV	土库曼斯坦	前苏联分解的国家	TURKMENISTAN
VX	乌兹别克 斯坦	前苏联分解的国家	UZBEKISTAN
VY	乌克兰	前苏联分解的国家	UKRAINE
W0	联合国		UNITED NATIONS
WW	数据库	光盘科数据库	Database
X0	台湾		TAIWAN
Y0	香港		HONG KONG
Z0	澳门		MACAO
ZG	中国		CHINA

附录三:国家图书馆外文期刊装订服务内容及要求

1. 服务内容

为采购人提供期刊、图书的装订服务。

2. 具体要求

(1)交接及运输要求

中标人按《书刊报装订明细单》逐册(册:单行本)清点核验无误后在《书刊报装订总单》上签字。

书刊的交接地点在采购人单位进行,具体交接地点、时间由双方商定。

中标人有义务在不明确装订任务或发现采购人装订明细单有明显错误时,及时与采购人联系。

装订书刊的往返运输及运输费用由中标人承担,并保证书刊的安全、完好。

(2)装订形式要求

①精装形式,分锁线订、缭线订。

要求:漆布腰角,烫字,烫沟;书芯厚度 20 毫米以下者为方背,书芯厚度 20 毫米以上者为圆背;有脊,有书边布,环衬、硬衬;书脊须烫上书刊名称、卷期年代、索取号等项。

②平装形式,分锁线订、缭线订。

要求塑胶纸封面、封底,有衬纸,书脊用漆布,书脊标明书刊名称、卷期年代、索书号等项。

(3)装订材料要求

①锁线:锁 $52g/m^2$ 以下的凸版新闻纸,204 折的书帖用 S424 或 S426 上蜡塔棉线。锁 $60g/m^2$ 以上的胶版纸、铜版纸,203 折或相当于 1mm 厚的书贴,用 60S/4、60S/6 上蜡塔棉线。吊线用 1 蜡 1.5mm 的

棉线绳。

②书背布:纱布。

③环衬纸:胶版纸(一般书刊按 150g/m² 竖纹,原版按 200g/m² 竖纹)。

④中径纸板:单面灰纸板(厚度 0.5mm,重量 250—310g/m²)。

⑤黏合剂:乳胶(应含一定的防虫剂)。

⑥书壳:辽阳板(2.5mm)。

⑦封面:精装,漆布背、角,涂塑纸面。

⑧装订材料由中标人按以上要求自备,中标人应在合同签订后 3 日内留装订所用主要材料样品给采购人以备查,并不得擅自更换材料。

(4)装订工艺要求

总要求:便于保管、翻阅、耐用、美观。

① 精装工艺要求:

A. 书芯加工:

a. 严格按照《书刊报装订明细单》要求装订。

b. 合订本的厚度为 2—4cm。如有特殊情况,酌情处理。

c. 书面顺序及版面顺序准确,无颠倒页、掉页、折角、联粘;保证书芯整洁,无污损。

d. 锁线结实:上沓与下沓连接,全部书帖坚固而紧密地连在一起,书芯不松散,无凸凹、偏斜现象。

e. 不得使用金属钉丝装订。若原有金属钉,应在装订前拆除。

f. 切割线整齐、美观,在确保不切文字、插图、页码的情况下,切下的纸边不得超过 2mm。

g. 环衬粘贴牢固整齐(不得粘字)。

h. 扒圆起脊的书背无呲裂、皱折、破衬。四角垂直,无回缩变形。扒圆圆势为 90—130°;起脊高度为 3—4mm,书脊高与书芯表面倾斜度为 120°。

i. 书边布粘贴平服牢固,圆垅沿书芯边外露,无折皱和毛刺,长度与书背宽同。

j. 书背纱布粘正、平整、牢固,长度应短于书芯 15—25mm,宽度方背应长于书背宽 40—50mm,圆背应长于书背弧长 40—50mm,书背纸粘平粘牢,书背纸和书边纸、纱布及书芯背部连为一体,但必须粘在书边布上,长度短于书芯 4—6mm。

k. 发现有破损的情况,必须协助用透明纸裱糊。

l. 壳和书芯方向要一致,不得倒装。

m. 装订线不得离正文太近,不得影响阅读。一般情况下,装订线与书脊之间的距离为 6mm(±1mm);特殊情况,双方协商解决。书芯太厚时(≥5cm),装订线与书脊之间的距离尽量放宽。

n. 书芯大小不齐时按大书芯补齐边缘。

B. 书壳加工:

a. 中径纸板:长度等于封面硬纸板的长度。宽度当书壳为方背时,与书芯进取度相同;书壳为圆背时,应与圆背弧长相同。

b. 书壳与书芯套合后,书刊三面飘口宽度为 2mm。

c. 包边宽度为 10—12mm。

d. 书壳无翘曲,封面与纸板要紧密黏合,无空泡、皱弓或破损,四角平服,无露角现象。为确保书壳无翘曲,要求在压力镐上至少压 2 天,成品保证书壳与书芯一致,无掉头现象、封面无残胶,打捆至通风车间干燥约一个月后再返至采购人。

e. 烫字需正确,无错字、漏字;必须先将实物与装订单信息进行核对,书脊名称、卷次号等与装订单一致,如信息有出入应联系采购人相关部门;字迹需清晰饱满,不模糊,不脱落;烫字不能骑跨边缘;书刊名、卷、期、索书号等的烫字格式应符合采购人要求。

f. 烫字具体要求见采购人各部门《书刊报装订明细单》。

g. 每次装订的特殊要求由双方共同商讨。

C. 装订完成后,要求在所装订书刊书后的白衬纸上(每合订本)加盖中标人公章。公章要求圆形,直径 2—3cm,只含两个文字。

D. 在装订加工时,不得损坏书刊报中原有条码(特殊要求除外)。

② 平装工艺要求：

A. 书刊名称、索书号要字迹清晰、准确。

B. 除封面、封底用塑胶纸，书脊用漆布外，其他所有要求同精装。

（5）装订期限要求

中标人自书刊交接、签署《书刊报装订总单》之日起 2 个月内完成装订。

（6）装订书刊验收

数量验收：采购人按《书刊报装订明细单》清点合订本数进行验收。

质量验收：采购人按本合同规定的装订质量要求，并且不低于中标人封存的中标人投标样本质量的标准逐合订本验收。如数量、质量均无误，采购人签字接收。

附录四:外文报刊采购项目合同

政府采购合同

项目名称:_____图书馆与_____公司

_____年度外文报刊采购项目合同

采购方:_____(下称"甲方")

供货方:_____(下称"乙方")

根据《中华人民共和国合同法》及其他有关法律、法规和规章,甲乙双方就＿＿年度外文报刊采购有关事项,遵循平等、自愿、公平和诚实信用的原则,协商达成如下协议,以共同遵守:

第一条 合同报刊

1.1 甲方在本项目中所需货物和服务经过公开招标,经评标委员会评定,确定乙方＿＿＿＿＿＿为包中标人,中标费率详见下表:

包号	出版社	预付综合费率	后付综合费率
A1			
A2			
A3			
A4			

1.2 乙方应在每年甲方发订之前及时把报刊的出版情况提供给甲方,以供甲方发订时作为参考。

1.3 乙方要向甲方提供免费送货服务。

1.4 乙方对存在质量问题的报刊应予以无条件退换,服务态度良好。

第二条 合同价款的结算与支付

2.1 根据乙方中标综合费率测算,预计合同总金额为人民币＿＿元(人民币大写:＿＿＿元)。

2.2 甲方于＿＿＿日前与乙方就本合同进行最终结算,结算时扣除甲方已向乙方支付的合同款,多退少补。

2.3 甲乙双方原则上是外文报刊到验收后结算,具体金额和时间由甲方根据支付计划通知乙方。甲方在验收完成,并交有关财务部门审核无误后与乙方进行结算。

2.4 甲方以验货后的实际金额与乙方结算。

2.5 甲方发出付款通知并通过银行汇款或支票的方式,按照乙方指定银行账户与乙方进行结算。

2.6 甲乙双方按照以下公式以人民币正式结算,甲方不再向乙方支付任何其他费用:

A 包:报刊结算价格=报刊出版社原始码洋×合同约定汇率×预付/后付综合费率

B 包:结算价格=采购人与外商签订的数据库合同外币金额×合同约定汇率×预付/后付综合费率

注:"报刊出版社原始码洋"以外商提供的原始发票中的码洋为准(不含国外运费及手续费)。

甲乙双方以人民币正式结算,结算汇率采用____年____月中国银行公布的外汇汇率卖出价的算术平均值并且保留两位小数(日元汇率保留四位小数)。

2.7 甲乙双方正式结算时,须由乙方提供结算明细清单,清单须详细注明中标包号、出版社、出版地、户号、刊号、刊名、国际标准刊号、种数、册数、出版频率、币制、出版社原始码洋、结算汇率、折人民币价、综合费率、结算价格、每页清单价格小计及所有清单价格合计,并区别新订、续订分别提供清单或对新订报刊做出标识,所有清单须同时加盖乙方业务用章,并同时向甲方报送结算明细清单对应的电子文件。

2.8 乙方需向甲方提供同等金额的正式商业发票。

2.9 对于甲方已付款、乙方未给甲方配送且乙方无法通过专业补刊公司补购的报刊,乙方须按照下列标准向甲方退款,提供退款清单并及时通知甲方。

未到期刊标准	退款标准	周刊（52期）	月刊（12期）	季刊（4期）	半年刊（2期）	年刊（1期）
视同全年未到	该报刊全年款项×100%×（1+100%）	仅到0—12期（缺40—52期）	仅到0—2期（缺10—12期）	1期未到	1期未到	1期未到
视同三季未到	该报刊全年款项×75%×（1+80%）	仅到13—25期（缺27—39期）	仅到3—5期（缺7—9期）	仅到1期	-	-
视同半年未到	该报刊全年款项×50%×（1+50%）	仅到26—38期（缺14—26期）	仅到6—8期（缺4—6期）	仅到2期	仅到1期	-
视同一季未到	该报刊全年款项×25%×（1+20%）	仅到39—50期（缺2—13期）	仅到9—11期（缺1—3期）	仅到3期	-	-
一季度以下	未到期刊的价格	仅到51期（缺1期）	-	-	-	-
说明	上列表格中退款标准为（退款＋赔偿金），即上表中的（1+80%）中的80%为赔偿金标准					

第三条　采购服务要求

3.1　乙方负责向甲方提供及时、完备的报刊元数据（MARC21）。

3.2　除出版商原因外，甲方向乙方发订的所有报刊，乙方须确保订到率不低于99%。

订到率＝乙方实际订到的报刊种数/甲方向乙方发订的报刊种数

3.3 乙方保证甲方永久享有户号的权力以及其他优先服务。

3.4 甲方预付款后,如遇报刊价格非正常因素上涨,乙方须及时通知甲方,并说明报刊涨价原因及幅度,经甲方确认后,方可执行合同。

3.5 发刊过程中,如遇报刊发生停刊、改名、合并、分刊及刊价变化等情况,乙方须及时通知甲方,甲方将以书面或邮件方式通知乙方是否继续订购。

3.6 在合同执行过程中,如遇出版社合并、分立、重组等变动,仍以招标文件分包情况为准。

3.7 订刊目录因转国出版、套订等原因导致订刊号发生变化时,乙方须及时通知甲方,避免造成甲方重复订购。

3.8 发刊过程中,甲方订购报刊中的增刊和号外等特殊出版情况,乙方须及时提供信息并进行配送。

3.9 乙方须主动负责订购期间的刊物的催缺工作,并将催缺结果形成书面报告报甲方,每季度至少1次。

3.10 乙方每季度以电子表格形式向甲方提供1次全部订单的发刊情况的统计数据报表(列明户号、订刊号、刊名、应到期数、实到期数、缺期情况、缺期原因)。

第四条 配送时限

4.1 亚洲地区出版的报刊1个月到货率须不低于99%,到全率须不低于90%;期刊6个月、报纸4个月到全率须不低于95%。

4.2 欧美地区出版的报刊3个月到货率须不低于99%,到全率须不低于85%;期刊12个月、报纸6个月到全率须不低于95%。

4.3 所有报刊18个月到全率须不低于98%。

到货率＝指定时间段内已到货的报刊种数/发订的报刊种数

到全率＝指定时间段内单种报刊已到货的期数(册数)/该种

报刊在指定时间段内应到货的期数(册数)

4.4　配送周期:每3个工作日至少送货1次。

第五条　配送要求和验收

5.1　乙方向甲方送报、刊时,须在包装箱内附发货清单(列明批号、户号、订刊号、刊名和卷期、册数),所有发货清单须同时加盖乙方业务用章,并同时向甲方报送发货清单对应的电子文件。

5.2　甲方在收到乙方送达的报刊后,数量、质量清点无误后在发货清单上签字或盖章,以作为甲方的收货凭据。发货清单1式2份,双方各持1份。

5.3　乙方须将甲方所订报刊免费送达甲方指定的地点,所有刊物的全部国际和国内运输费用均由乙方自理。

第六条　报刊质量

6.1　乙方须确保所供报刊符合国家关于国外出版物进口的相关的标准和规定。

6.2　乙方须保证所供报刊为正版报刊。

第七条　报刊退换

7.1　对于甲方提出的报刊退、换要求,乙方须无条件满足。包含但不限于以下情况:

(1)乙方配送的报刊为盗版报刊;

(2)乙方配送的报刊有印刷、装订、污损、缺页等质量问题;

(3)在运输过程中造成的报刊损坏;

(4)乙方配送的报刊与甲方订单不相符;

(5)乙方配送的报刊与乙方的发货清单不相符;

(6)由于乙方原因而导致的甲方重复订购或错误订购。

7.2　对于甲方提出的报刊退、换要求,乙方须及时响应,报刊退、换期限为1个月。

第八条　考核、罚款及违约责任

8.1　甲方对乙方供货情况进行不定期考核。

8.2　若乙方所供报刊为盗版报刊,所引起的一切法律纠纷及费用及给甲方造成的损失均由乙方承担。

8.3 凡已付款的报刊,甲方全年均未收到的,乙方向甲方办理补刊或退款事宜;对已到报刊中缺期的,乙方须尽力补齐,对未能补齐的报刊,甲方将通过专业的补刊公司进行补刊,由乙方支付补刊的全部相关费用。

8.4 双方正式结算时,如果乙方提供的结算明细清单中的出版社原始码洋或综合费率不正确,甲方将按照正确出版社原始码洋和正确综合费率计算结果的 5 倍对乙方予以处罚。

8.5 一种报刊如果连续 3 期不到或者全年到全率低于 50%,乙方须按报刊品种,每种报刊一次性按照全年刊价的 10% 向甲方支付罚金。

8.6 乙方出现以下情况之一的,甲方有权选择取消乙方资格,乙方除退还甲方全部预付款外,还须向甲方支付一定罚金:

(1)订到率未达到 95%;

(2)到货率未达到 90%;

(3)到全率未达到 85%;

(4)不按时履行合同义务,在收到甲方书面通知 7 日内仍未改正;

(5)将合同内容进行分包或转包;

(6)其他严重违反合同条款的行为。

8.7 以上违约责任中涉及出版商原因的,乙方须提供出版商的有关证明文件。

第九条 合同有效期

本合同有效期自本合同生效并甲方发出书面需求之日起至 201___ 年 ___ 月 ___ 日为止。

第十条 合同的解除

10.1 甲方解除合同

如乙方存在下述任一情况,甲方有权向乙方发出书面通知,全部或部分解除本合同,取消乙方资格:

10.1.1 乙方未能在本合同约定履行合同义务,并经甲方催告后

7 日仍未交付；

10.1.2　未经甲方书面许可，乙方将本合同内容进行分包或转包；

10.1.3　乙方交付的合同报刊多次出现质量问题；

10.1.4　乙方无正当理由未按照本合同第二条规定的要求提供相关清单达到三次的；

10.1.5　乙方无正当理由不完成自查或报告中存在虚假情况达到三次的；

10.1.6　乙方存在严重违反合同义务的其他情形的；

10.1.7　如乙方在本合同的竞标或执行过程中有腐败或欺诈行为。为本合同之目的，腐败和欺诈行为定义如下述：

（1）"腐败行为"指为取得本合同之目的或有利的合同执行条件之目的，乙方在合同竞标过程或合同执行过程中向甲方人员提供、给予、接受或索取任何有价值物品的行为；

（2）"欺诈行为"指乙方为了影响招标采购过程或合同执行过程而谎报事实，损害甲方的利益的行为。

10.1.8　如有证据表明，乙方无清偿能力或资不抵债或破产时，或因任何原因歇业、停产或关闭时。

10.2　乙方解除合同

如甲方未能按本合同约定期限向乙方支付合同款，并经乙方催告后在合理期限内仍未支付，乙方有权以书面通知解除本合同。

10.3　如本合同因甲乙任何一方根据本条约定行使合同解除权而全部解除，本合同尚未履行部分终止履行；对本合同已经履行部分，行使合同解除权的一方有权根据本合同其他条款之约定采取救济措施，包括要求对方赔偿己方因执行本合同而发生的一切支出和遭受的一切损失。

10.4　如本合同因任何一方违约而导致另一方根据本条行使合同解除权而全部或部分解除，行使合同解除权的一方仍有权要求违约方赔偿己方因此遭受的一切损失。

10.5 如甲方根据本条规定部分地解除了本合同,甲方可以依其认为适当的条件购买乙方未交货部分的货物,乙方应对甲方该等购买所支付的费用中超出本合同约定的那部分费用负责;同时乙方应继续执行本合同未解除的部分。

第十一条 不可抗力

11.1 在本合同履行期间,如甲乙任何一方因战争(不论是否宣战)、动乱、地震、飓风、洪灾、台风、火山爆发、暴风雨、严重的火灾、政府行为或该方不能合理预见、不能避免并不能克服的任何其他不可抗力事件,致使该方不能全部或部分履行其合同义务或延迟履行合同义务,免除该方的违约责任。

11.2 受不可抗力事件影响的一方应在尽可能短的时间内用传真或电子邮件通知另一方,说明事件发生的详情和对合同履行的影响程度;并在其后14(十四)日内以快递信函将有关当局出具的证明文件提交另一方确认。

11.3 受不可抗力影响的一方应尽量设法缩小不可抗力事件对合同履行的影响,延迟履行合同义务的期限应与受不可抗力事件影响的期间相当。

11.4 一旦不可抗力情况停止或由其产生的后果已经消除,受影响的一方应立即恢复合同义务的履行,同时用传真或电子邮件通知另一方,并用快递寄出确认函。

11.5 如不可抗力事件的影响持续超过60天,则双方应尽快通过友好协商解决本合同进一步的执行问题。

第十二条 争议解决

12.1 甲乙双方应通过友好协商,解决在执行本合同所发生的或与本合同有关的一切争议。如协商不能解决争议,任何一方均可将争议提交合同报刊交货地法院,通过诉讼解决争议。

12.2 在诉讼期间,除正在进行诉讼部分外,本合同其他部分应继续执行。

第十三条 组成合同的文件及优先顺序

本合同包括下述组成文件,并按下述排列顺序确定其执行与解释的优先顺序:

1)本合同执行过程中双方达成的变更本合同条款的书面协议;

2)本合同正文;

3)本合同其他附件;

4)中标通知书(若有);

5)招标文件(若有);

6)投标文件及附件(若有)。

第十四条 合同生效及其他

14.1 本合同经甲乙双方法定代表人或授权代表签字并加盖双方公章后生效。

14.2 本合同正文一式____份,甲方____份,乙方____份。

14.3 如需修改或补充本合同内容,双方应签署书面修改或补充协议,该等协议将作为本合同的一个组成部分。

14.4 本合同中载明的甲乙双方的地址和联系方式为本合同重要事项的当然联系方式,任何一方以普通快递形式的通知发出之日后的第三日即视为已有效送达。甲乙任何一方变更住所、名称、电话或传真号,应在变更后五日内书面通知对方。不及时通知对方的,以本合同记载的通信地址为有效送达地址。

第十五条 补充条款